U0915585

老风景画
南京旧影

卢海鸣　编选

南京出版传媒集团
南京出版社

图书在版编目（CIP）数据

老风景画：南京旧影 / 卢海鸣编选. —南京：南京出版社，2017.5

ISBN 978-7-5533-1688-8

Ⅰ.①老… Ⅱ.①卢… Ⅲ.①名胜古迹—南京—图集 Ⅳ.①K928.705.31-64

中国版本图书馆CIP数据核字（2017）第012778号

书　　名：老风景画·南京旧影
作　　者：卢海鸣
出版发行：南京出版传媒集团
　　　　　南 京 出 版 社

社址：南京市太平门街53号　　邮编：210016
网址：http://www.njcbs.cn　　电子信箱：njcbs1988@163.com
天猫1店：https://njcbcmjtts.tmall.com/　　天猫2店：https://nanjingchubanshets.tmall.com/
联系电话：025-83283893、83283864（营销）　025-83112257（编务）

出 版 人：朱同芳
出 品 人：卢海鸣
责任编辑：徐　智
丛书策划：卢海鸣
装帧设计：王　俊
责任印制：杨福彬

排　　版：南京新华丰制版有限公司
印　　刷：南京凯德印刷有限公司
开　　本：787毫米×1092毫米　1/16
印　　张：17.75
字　　数：204千
版　　次：2017年5月第1版
印　　次：2019年3月第2次印刷
书　　号：ISBN 978-7-5533-1688-8
定　　价：98.00元

天猫1店

天猫2店

上架建议：历史　文化

目　录

序　言

卢海鸣

南京，山雄水秀，地杰人灵。东有钟山龙盘，西有石头虎踞，北有玄武湖泊，南有秦淮河流。自古以来，便享有“江南佳丽地，金陵帝王州”的美誉。南京的自然风光和人文景观交相辉映，气象万千。自明朝至民国，南京先后以金陵八景、十景、十六景、十八景、二十景、四十景、四十八景著称于世。这些形胜名迹作为南京独特的文化地标，成为金陵画坛的重要创作题材，不断出现在画家们的笔下，由此诞生了一幅幅风景画。现按景点数量由少到多的顺序，选取其中具有代表性的八部作品汇集出版，以飨读者。

（一）黄克晦《金陵八景图》

明朝嘉靖年间（1522—1566），画家黄克晦游金陵后所作《金陵八景图》是现存最早的南京风景画卷。现藏江苏省美术馆。

黄克晦，生平不详。字孔昭，号吾野山人。福建惠安人。诗书画皆通。《金陵八景图》画面为绢本，每幅纵31.2厘米，横41.2厘米。每幅绘一景，共八景。水墨淡彩，意境悠远。现存“石城霁雪”、“凤台夜月”、“白鹭春潮”、“乌衣夕照”、“天印樵歌”、“秦淮渔笛”六幅，缺“钟阜晴云”和“龙江烟雨”二幅。

（二）郭存仁《金陵八景图卷》

《金陵八景图卷》，明朝画家郭存仁于万历二十八年（1600）编绘。

现藏南京博物院。

郭存仁，明代画家。生平不详。又名郭仁，号水村、元父、恬淡生。苏州人，侨居南京。擅长画山水、人物。

《金陵八景图卷》画面为纸本设色，每幅纵 28.5 厘米，横 64.5 厘米。每幅绘一景，共八景。右画左诗。以写实手法描摹金陵的青山绿水，生动形象；每幅皆题有七律诗一首，并钤有印章两方。在《金陵八景图卷》卷首，有清末民国南京著名藏书家邓邦述（1868—1939）题写的“明郭水村金陵八景图咏”及题跋；卷尾有画家自己题写的跋语及清代咸丰年间一位书画爱好者的题跋。

郭存仁笔下的金陵八景依次是：

钟阜祥云、石城瑞雪、龙江夜雨、凤台秋月、乌衣夕照、白鹭晴波、秦淮渔笛、天印樵歌。

郭存仁的《金陵八景图卷》堪称是南京历史上最早的彩色风景画卷，是“金陵八景”风景画中的代表作。

（三）胡玉昆《金陵景物图册》

《金陵景物图册》又名《金陵胜景图》，明末清初画家胡玉昆编绘，是南京历史上现存最早的“金陵十景”风景画卷。台湾黄君璧旧藏，现为美国私人收藏。民国九年（1920）十月上海神州国光社以风雨楼藏本为底本，出版了亚士玻璃版精印本，取名《明胡元润金陵名胜图册》。二十四开，纵 26.5 厘米，横 19 厘米，纸本，黑白册页。

胡玉昆（1607—？），初名三，字符润，号褐公。江宁（今江苏南京）人。工山水，能诗，山水画颇得家法。传世作品有《山水图》册页，今流入美国。另有康熙九年（1670）作《梅竹芝石图》轴，康熙二十五年（1686）作《金陵胜景图》。

《金陵景物图册》是胡玉昆于清朝顺治十七年（1660）专为侨居金陵的文人官僚周亮工（1612—1672）创作。每页绘金陵一胜景，每处胜景都显得空蒙迷离，意境幽远。

该画册每页一幅画、一首七律诗和一篇简略的图记。右为画，左为七律诗和图记，画的尺幅大约是题诗和图记两者之和的两倍。在每一幅画的左上方或右上方依次题有“钟山”、“石城”、“某花坞”、“芙蓉山”、“祖堂”、“莫愁湖”、“方山”、“凤台”、“燕矶”、“摄山”十个景名；左下角或右下角钤有一方印鉴，如“元润氏”、“玉昆”、“胡玉昆”等。

（四）文伯仁《金陵十八景图》

《金陵十八景图》，又名《金陵山水册》，明朝画家文伯仁于“隆庆壬申”即明穆宗隆庆六年（1572）绘制。现藏上海博物馆。

文伯仁（1502—1575），明朝著名画家文徵明侄子。字德承，号五峰、摄山长、葆生、摄山老农、五峰山人、五峰樵客。长洲（今江苏苏州）人。因避倭寇之乱，举家迁居南京。工山水、人物，所画山水笔力清劲，岩峦郁茂。亦能诗文。作品有《万山飞雪图》《都门柳色图》《秋山游览图》《溪山仙馆图》《石湖草堂图》《松径石矶图》以及《栖霞寺志》等。

《金陵十八景图》画面为纸本设色，每幅纵22.8厘米，横20.5厘米。每幅绘一景，共十八景。墨色淡雅，笔法细密，意境清远。该图册深得乾隆帝的喜爱。乾隆帝在每幅图上题有七绝三首，并在每幅画上分别钤有“乾隆宸翰”、“乾隆御览之宝”、“石渠宝笈”、“乾隆鉴赏”、“古稀天子”等印鉴。

文伯仁笔下的金陵十八景依次是：

三山、草堂、雨花台、牛首山、长干、白鹭洲、青溪、燕子矶、莫愁湖、摄山、凤凰台、新亭、石头城、太平堤、桃叶渡、白门、方山、新林。

（五）朱之蕃编、陆寿柏绘《金陵图咏》

《金陵图咏》，又名《金陵四十景图考诗咏》。明朝南京人朱之蕃编、陆寿柏绘。天启癸亥（天启三年，1623）完稿并付梓。现存最早版本为明朝天启癸亥朱之蕃刊本，南京图书馆、北京大学图书馆等地均有收藏。

朱之蕃（1548—1624），字符升，一作元介，号兰嵎、定觉主人。原籍山东聊城茌平，后入南京锦衣卫籍。朱之蕃生长于南京，万历二十三年（1595）会试中状元，授翰林院修撰，历官谕德、庶子、少詹事，官终礼部右侍郎。其故居位于今天南京朱状元巷 32 号、34 号。万历三十三年（1605），朱之蕃奉命出使朝鲜，不辱使命。后以母丧，不复出仕。天启四年（1624）辞世，卒赠礼部尚书。工书法，善画山水、花卉。传世作品有《君子林图卷》《奉使朝鲜稿》《纪胜诗》《南还杂着》《落花诗》《廷试策》等。此外，今韩国成均馆"明伦堂"三字系其题写，保存至今。

陆寿柏，画家，生平不详。

朱之蕃与陆寿柏共同编绘的《金陵图咏》中的四十景依次是：

钟阜晴云、石城霁雪、天印樵歌、秦淮渔唱、白鹭春潮、乌衣晚照、凤台秋月、龙江夜雨、弘济江流、平堤湖水、鸡笼云树、牛首烟峦、桃渡临流、杏村问酒、谢墩清兴、狮岭雄观、栖霞胜概、雨花闲眺、凭虚听雨、天坛勒骑、长干春游、燕矶晓望、幕府仙台、达摩灵洞、灵谷深松、清凉环翠、宿岩灵石、东山棋墅、嘉善石壁、祈泽龙池、青溪游舫、虎洞幽寻、星冈饮兴、莫愁旷览、报恩灯塔、天界经鱼、祖堂佛迹、花岩星槎、冶麓幽栖、长桥艳赏。

《金陵图咏》采用前图后文、图文并重的布局，每一景占一筒子页（2面），前一面为画，均为竖构图；后一面为考证各景点历史沿革的图记和七律诗咏一首。景点名称一律为四字，精雕细琢，朗朗上口。书后附有松江府人杜士全《金陵四十景诗纪》，包含和诗四十首。

（六）高岑《金陵四十景图》

清朝康熙年间，画家高岑应江宁知府陈开虞之邀，精心绘制《金陵四十景图》，收入《康熙江宁府志》卷二《图纪下》。康熙七年（1668）刊行于世。现存最早版本为康熙七年刊本，收藏在中国科学院南京地理与湖泊研究所。

高岑（1621—1691），字善长，又字蔚生，浙江杭州人。居金陵青溪水边。与龚贤、樊圻、邹喆、吴宏、叶欣、谢荪、胡慥并称“金陵八家”。“金陵八家”是清朝康乾时代活跃在南京地区的颇有影响的一大画派，高岑在八家中的成就仅次于龚贤。高岑早年师从同里朱翰，后学蓝瑛，又从宋人董源、巨然的笔墨中寻根求柢，初以平实工稳为本，及至中年以后，崇尚写意，追求性灵与境界，其画渐至神采飞扬，晚年则愈发天马行空，随心所欲。善山水及水墨花卉，写意入神。山水画用笔精到，无粗犷气；花卉写意，清秀入神。为人清高，相貌俊美，淡泊功名，性好佛门，结缘诗酒，书画为伴。传世作品有《秋山万木图》《林荫评古图》《凤台秋月图》《松窗飞瀑图》《秋风援翠图》《湖山春色图》《秋林亭子图》《桐荫无尽图》等。

高岑《金陵四十景图》所绘四十景依次是：

钟阜山、石城桥、牛首山、白鹭洲、天印山、狮子山、凤凰台、莫愁湖、赤石矶、谢公墩、落星岗、鸡笼山、栖霞寺、雨花台、凭虚阁、燕子矶、长干里、达摩洞、三宿岩、清凉寺、后湖、桃叶渡、杏花村、冶城、幕府山、神乐观、献花岩、青溪、幽栖寺、东山、长桥、龙江关、灵谷寺、祈泽池、虎洞、永济寺、嘉善寺、天界、秦淮、报恩塔。

高岑的《金陵四十景图》均为横构图，每一景跨页，由左右并列的两幅画面组成，显得气势宏阔；图记书于画面之上，因空间有限，故无诗咏。在最后一景“报恩塔”图右下方落款“上元后学　岑画”，并盖有印章。与朱之蕃《金陵图咏》相比，从景点数量上来讲，少了一个乌衣巷，多出了一个赤石矶；从景名上来看，或两字或三字，比较随意；从排序上来看，除了前两个景点相同外，其余完全不同。

在《金陵四十景图》后，有周亮工（1612—1672）于康熙七年撰写的跋文。

高岑《金陵四十景图》堪称是历代金陵风景画中的极品，此后，在此基础上，清末民国又产生了多种版本的金陵四十八景，但在绘画上的成就无出其右者。

（七）徐藻《金陵四十八景》

《金陵四十八景》，清末徐藻于“庚戌季春三月”，即清朝宣统二年（1910）编绘。原藏南京古旧书店。

徐藻，画家，生平不详。字萍洲，上元（今南京）人。

《金陵四十八景》采用的是图文合璧的方式，在每一幅图的左上方或右上方空白处题写景名及图记。四十八景依次为：

莫愁烟雨、祈泽池深、雨花说法、天界招提、凭虚远眺、永济江流、燕矶夕照、狮岭雄观、石城霁雪、钟阜晴云、龙江夜雨、牛首烟岚、珍珠浪涌、北湖烟柳、东山秋月、虎洞明曦、冶城西峙、赤石片矶、清凉问佛、嘉善闻经、杏村沽酒、桃渡临流、青溪九曲、凤凰三山、达摩古洞、甘露佳亭、长干故里、鹭洲二水、化龙丽地、来燕名堂、楼怀孙楚、台想昭明、长桥选妓、三宿名崖、祖堂振锡、幕府登高、报恩寺塔、神乐仙都、鸡笼云树、灵谷深松、秦淮渔唱、天印樵歌、商飙别馆、谢公古墩、献花清兴、木末风高、栖霞胜境、星岗落石。

在书的末尾附有《金陵全省地图》，实为《金陵省城图》。

（八）徐寿卿编、韵生绘《金陵四十八景全图》

《金陵四十八景全图》，民国徐寿卿编，韵生绘图。民国九年（1920）由上海书局出版，上下两册，石印本，南京花牌楼共和书局发行。这是目前所知留存下来的民国时期唯一的一部有关金陵四十八景的图册。

徐寿卿，名炎森，以字行，江宁（今南京）人。清末秀才，儒商。著有《金陵杂志》《金陵杂志续集》《新南京志》等。

韵生，画家，秣陵（南京）人，姓名生平均不详。

徐寿卿《金陵四十八景全图》，特请"名手"韵生绘图，自己逐景撰写图记。徐寿卿笔下的四十八景依次是：

莫愁烟雨、祈泽池深、雨花说法、天界访僧、凭虚远眺、永济江流、燕矶夕照、狮岭雄观、石城霁雪、钟阜晴云、龙江夜月、牛首烟岚、花崖清兴、北湖烟柳、东山棋局、虎洞探幽、冶城西峙、赤石片矶、清凉问佛、嘉善闻经、杏村沽酒、桃渡临流、青溪九曲、凤台三山、达摩古洞、甘露佳亭、长干故里、鹭洲二水、化龙丽池、来燕名堂、楼怀孙楚、台想昭明、长桥选妓、崖记虞公、石室余青、幕府野游、报恩寺塔、神乐仙都、鸡笼云树、灵谷深松、秦淮渔唱、天印樵歌、商飙别馆、谢公古墩、摄山耸翠、木末风高、珍珠浪涌、落星名岗。

《金陵四十八景全图》系从清朝宣统二年（1910）出版的上元徐藻编绘的《金陵四十八景图》演变而来。从形式上来看，该书改变了清末《金陵四十八景图》图文合璧——直接在图上题写图记的形式，而是将景点图与图记分开，一图一文，图的风格一脉相承，图记则更为翔实。从内容上来看，与清末《金陵四十八景图》相比，该书有十一景名称或排序发生变化。如第四景“天界招提”改为“天界访僧”；第十一景“龙江夜雨”改为“龙江夜月”；第十三景“珍珠浪涌”后移到第四十七景，此处被“花崖清兴”取代；第十五景“东山秋月”改为“东山棋局”；第十六景“虎洞明曦”改为“虎洞探幽”；第二十四景“凤凰三山”改为“凤台三山”；第三十四景“三宿名崖”改为“崖记虞公”；第三十五景“祖堂振锡”改为“石室余青”；第四十五景“献花清兴”前移到第十三景，更名为“花崖清兴”，此处被“摄山耸翠”取代；第四十七景“栖霞胜境”前移到第四十五景，更名为“摄山耸翠”，此处被“珍珠浪涌”取代；第四十八景“星岗落石”改为“落星名岗”。

总之，上述风景画，以写实的手法、细腻的笔触，展现了南京湖光山色之美，城郭楼台之雄，寺庙园林之幽，名胜古迹之奇，是彰显南京城市形象的重要史料，也是传承南京历史记忆的重要文献，对于我们今天弘扬南京历史文化、建设山水城林融为一体的新南京具有重要的参考价值。

行文至此，必须要感谢这些作品的收藏单位——南京图书馆、南京博物院、中科院南京地理与湖泊研究所、江苏省美术馆和上海博物馆等。尤其要感谢江苏省美术馆和上海博物馆慨然授权本书使用从未公开出版过的黄克晦《金陵八景图》和文伯仁《金陵十八景图》，从而使本书形成一个完整的体系并以较高的价值呈现在广大读者面前。

金陵八景图

（明）黄克晦 绘

◎ 石城霁雪

◎ 凤台夜月

◎ 白鹭春潮

◎ 乌衣夕照

◎ 天印樵歌

◎ 秦淮渔笛

金陵八景图卷

（明）郭存仁 编绘

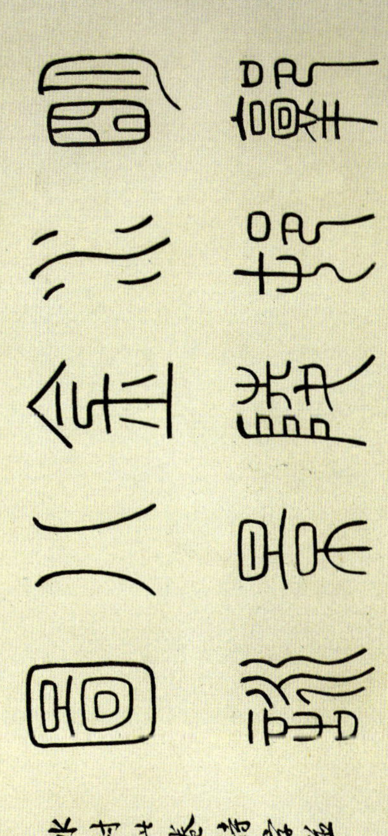

第一景 ◎ 钟阜祥云

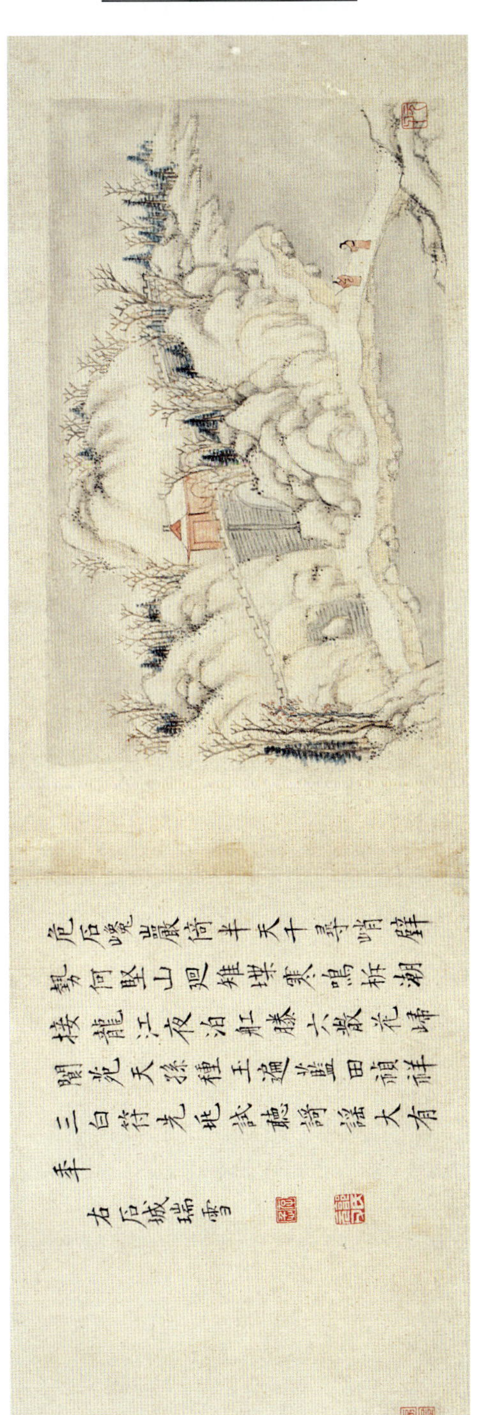

第二景 ◎ 石城瑞雪

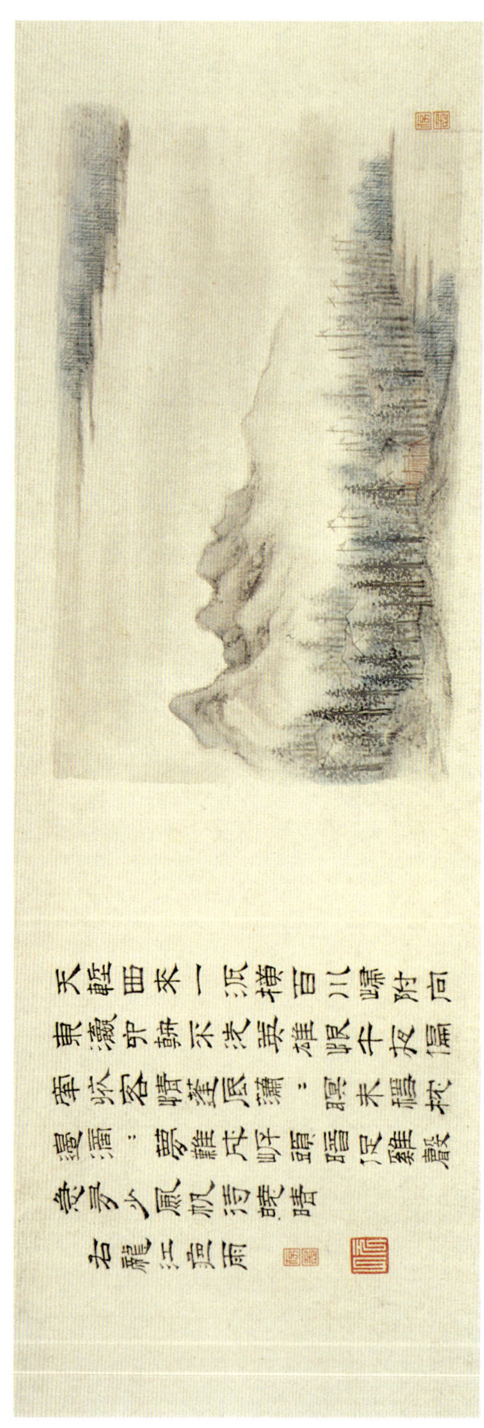

第三景 ◎ 龙江夜雨

老风景画 南京旧影

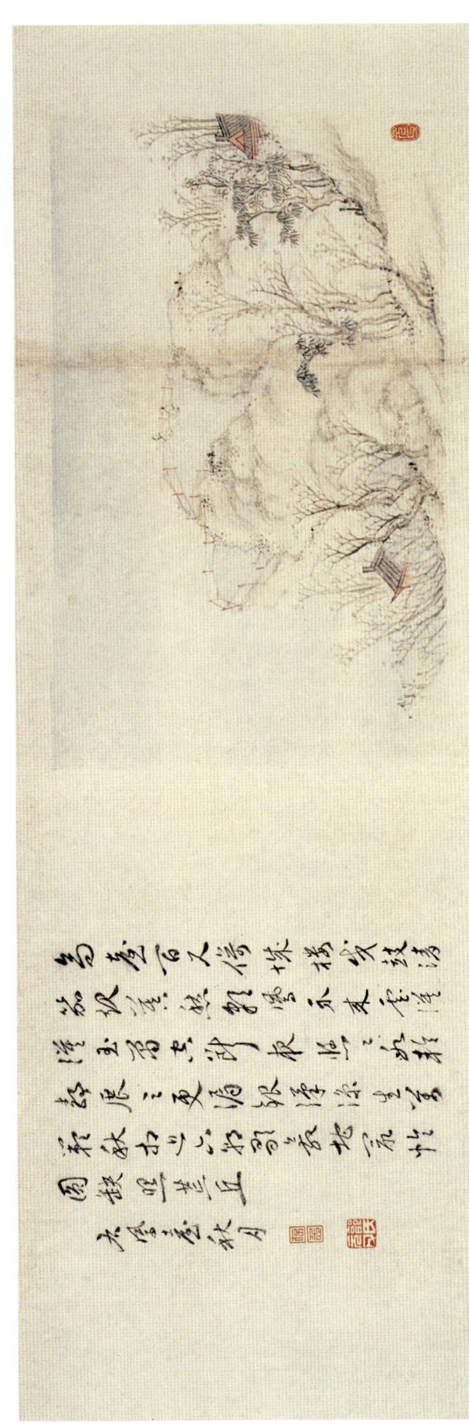

第四景 ◎ 凤台秋月

第五景◎乌衣夕照

第六景 ◎ 白鹭晴波

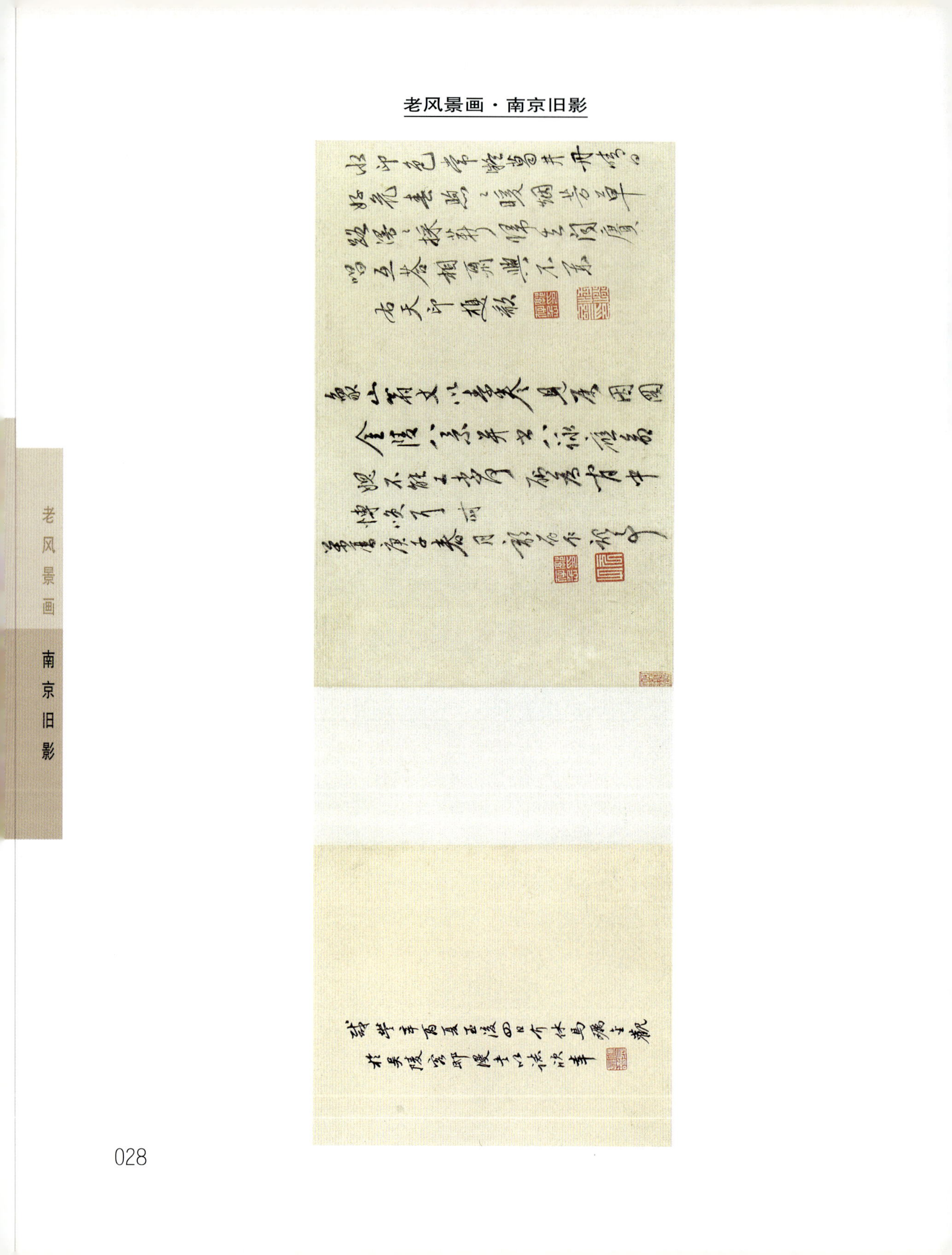

金陵景物图册

（明末清初）胡玉昆 编绘

解纜當年鐃吹聲磯頭酌酒暮潮生江光直撼孤亭迴雲影閒拖二水平楚國樹連新血淚京關梅落舊江城凭欄猶記同人賞半夜漁燈隔浦明

山磐直探江中子如飛畫題名

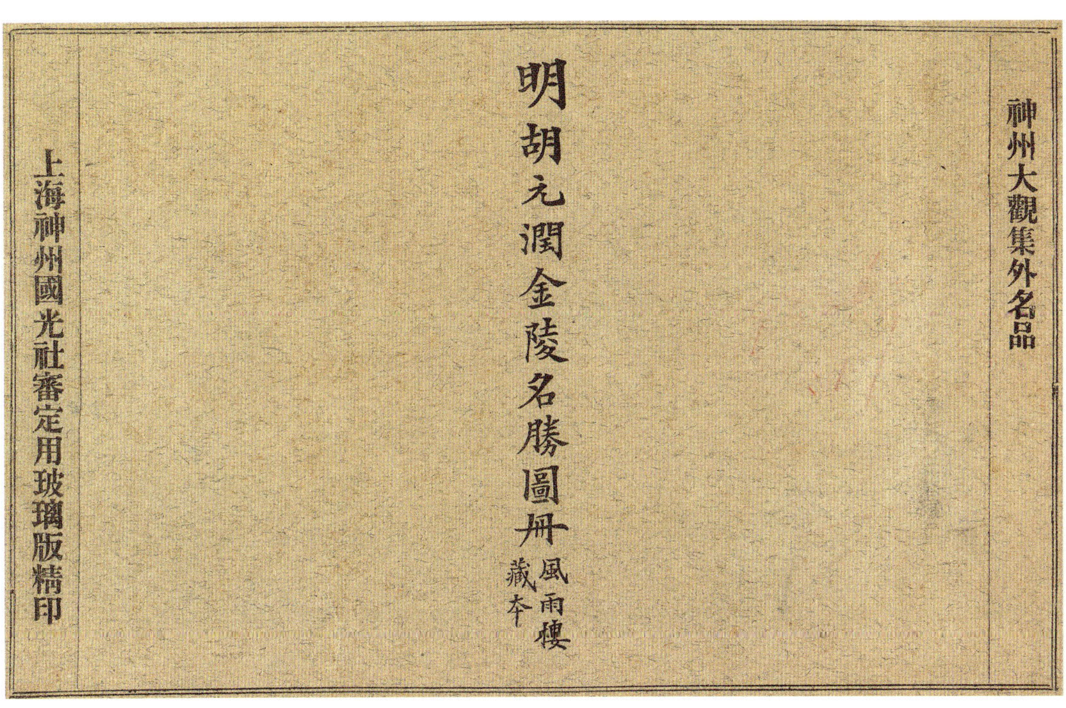
神州大觀集外名品
明胡元潤金陵名勝圖册
風雨樓藏本
上海神州國光社審定用玻璃版精印

小傳

胡玉昆

金陵畫學秀絕江左近代以來獨胡長白先生時出高古淡遠之筆不入嫵媚一流最得南宗之正長白羣從皆有家法而元潤尤爲傑出每一落墨矜貴如金所謂逸品在神品之上者也 賴古堂集

金陵胡宗仁彭舉以畫名其子玉昆字元潤亦工畫嘗寫杭州宋官古梅予題絕句云風雨厓山事渺然故宮疎影自年年何人寄恨丹青裏留伴冬青哭杜鵑故友合肥李文定容齋極愛此詩昔人謂沈石田相城喬木代禪吟寫此後惟金陵胡氏足以繼之 香祖筆記

墨香按其子應作其姪

李君實嘗言作畫惟空境最難以余所見善於用空者其惟胡三褐公歟褐公一字元潤卽長白之猶子玉昆也君性孤僻作畫如之用筆設色好作縹緲虛無態故咫尺間覺千萬里爲遙余蓄畫册自君始入手便得摩尼珠散璣碎璧不足辱我目矣 讀畫錄

程端伯與元潤書作畫不解筆墨徒事染刻正如拈絲作繡五彩爛然終屬兒女子裙膝間物耳足下筆墨各有別趣在蹊徑之外油然自得蓋能超凡脫俗者恐未免下士之誚也 青溪遺稿

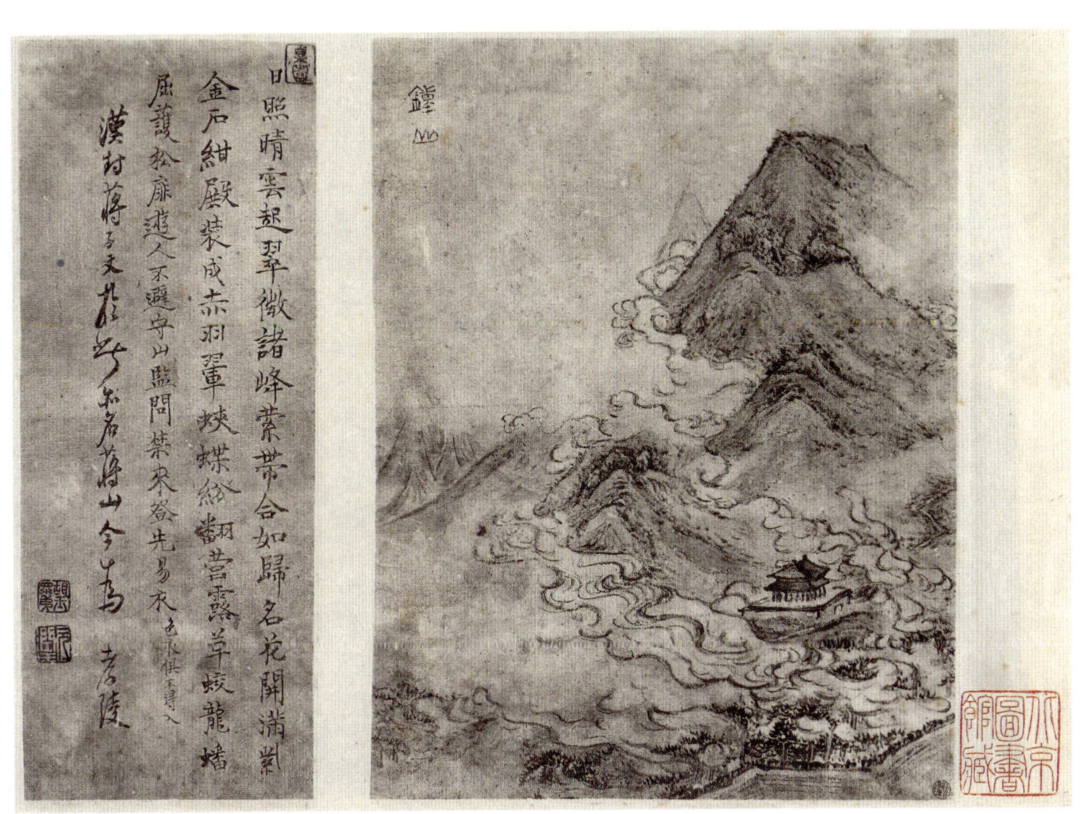

第一景 ◎ 钟山

老风景画 南京旧影

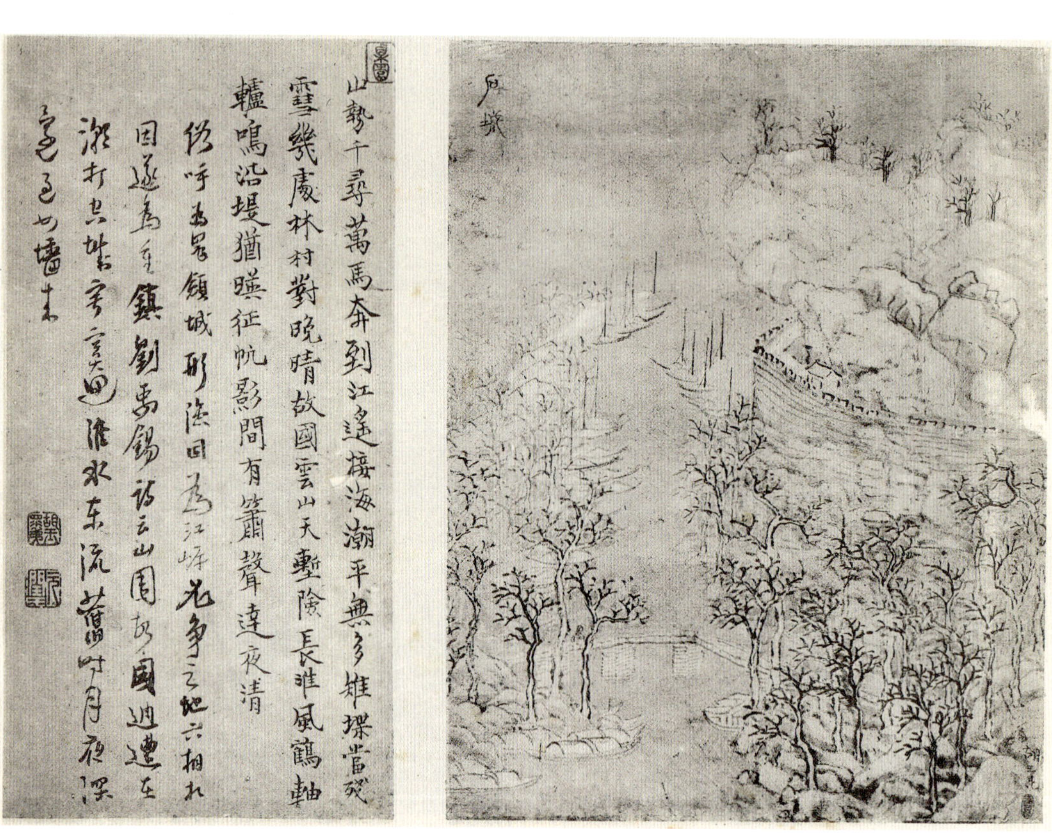

第二景 ◎ 石城

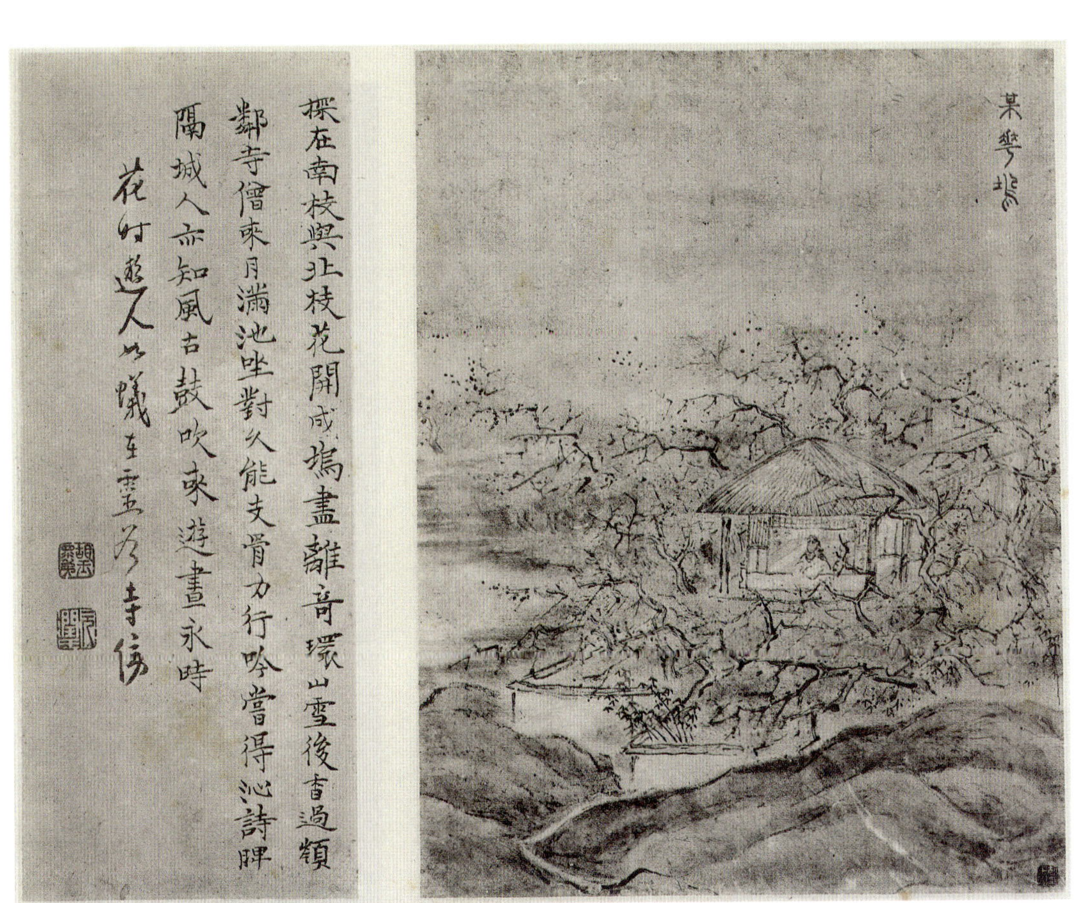
楳花塢
楳在南枝與北枝花開成塢畫離奇環山雪後香過頒
鄰寺僧來月滿池坐對久能支骨力行吟嘗得沁詩脾
隔城人亦知風古鼓吹來遊晝永時

第三景 ◎ **某花坞**

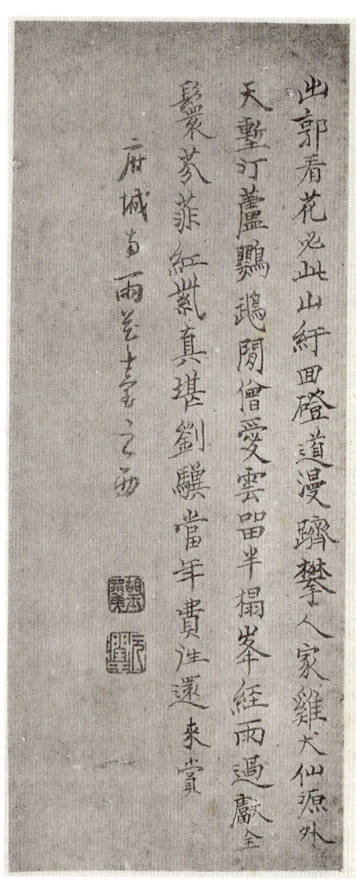
出郭看花必此山紆回磴道漫躋攀人家雞犬仙源外
天塹汀蘆鷗鷺閒僧愛雲留半榻峯經雨過獻全
鬟芬菲紅紫真堪劉驥當年貴往還來賞

芙蓉山

第四景 ◎ 芙蓉山

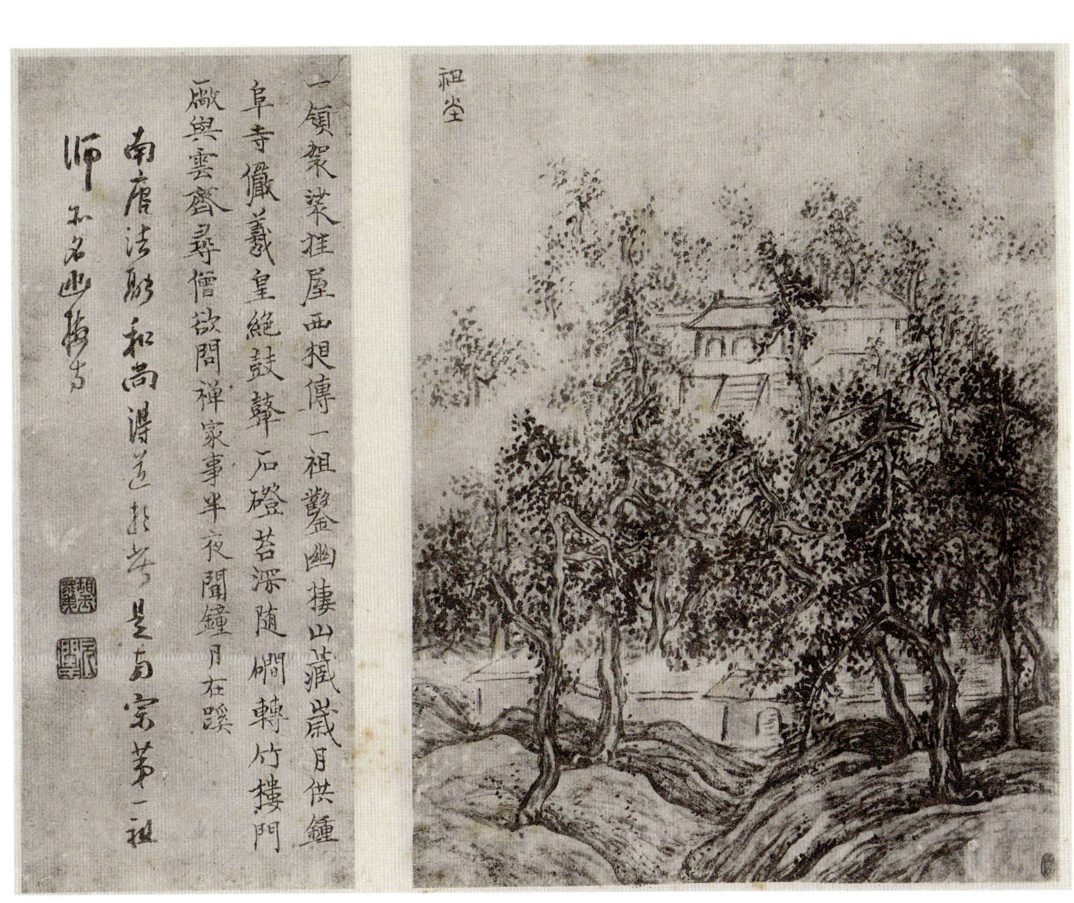

第五景 ◎ **祖堂**

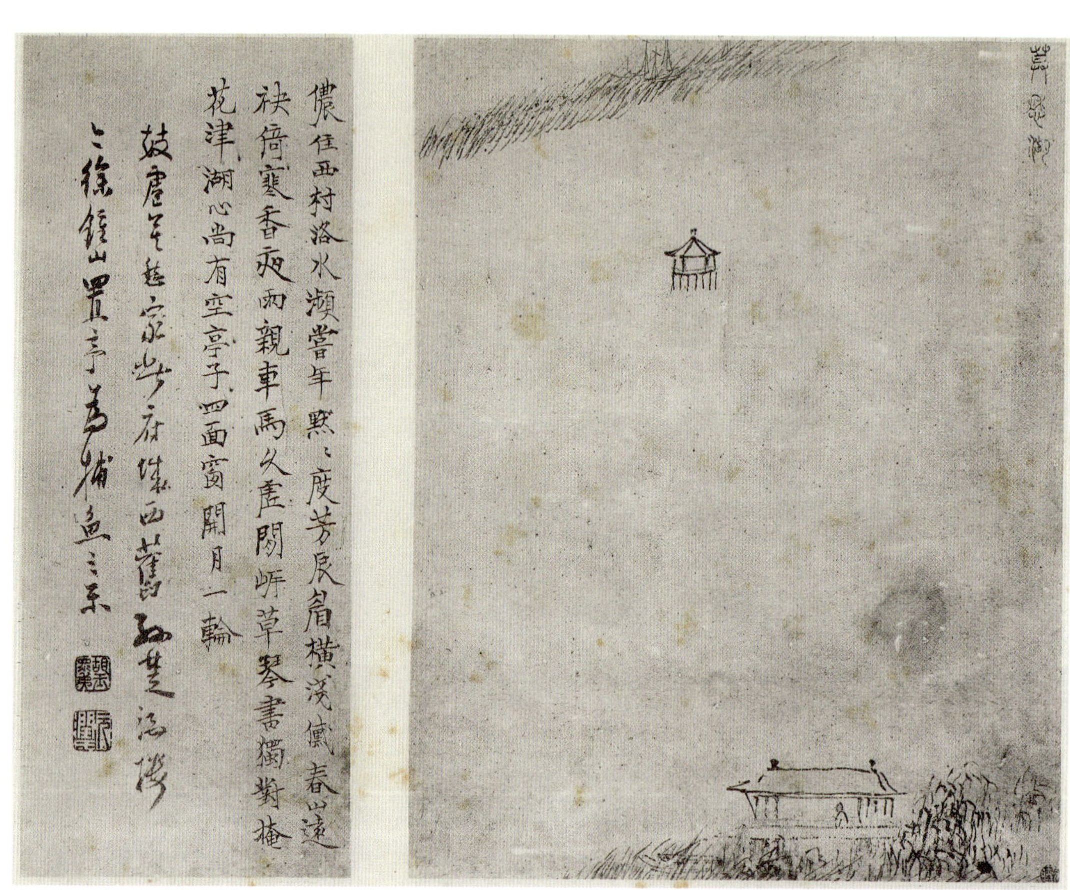
莫愁湖
儂住西村洛水湄當年點點度芳辰眉橫淡黛春山遠
袂倚寒香夜雨親車馬久虛閑屐草琴書獨對掩
花津湖心尚有空亭子四面窗開月一輪

第六景 ◎ **莫愁湖**

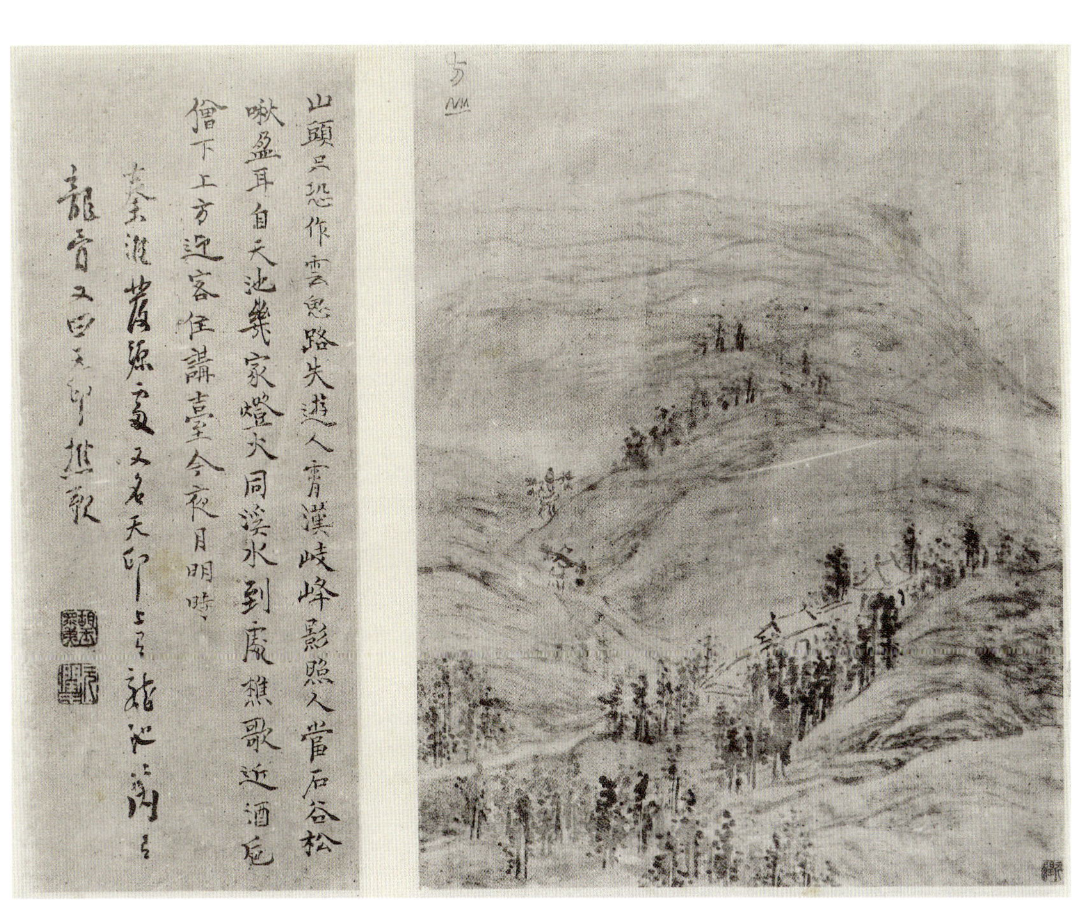
山頭只恐作雲愁路失遊人霄漢岐峰影照人當石谷松
湫盈耳自天池幾家燈火同溪水到處樵歌近酒卮
僧下上方迎客住講臺今夜月明時

第七景 ◎ 方山

老风景画
南京旧影

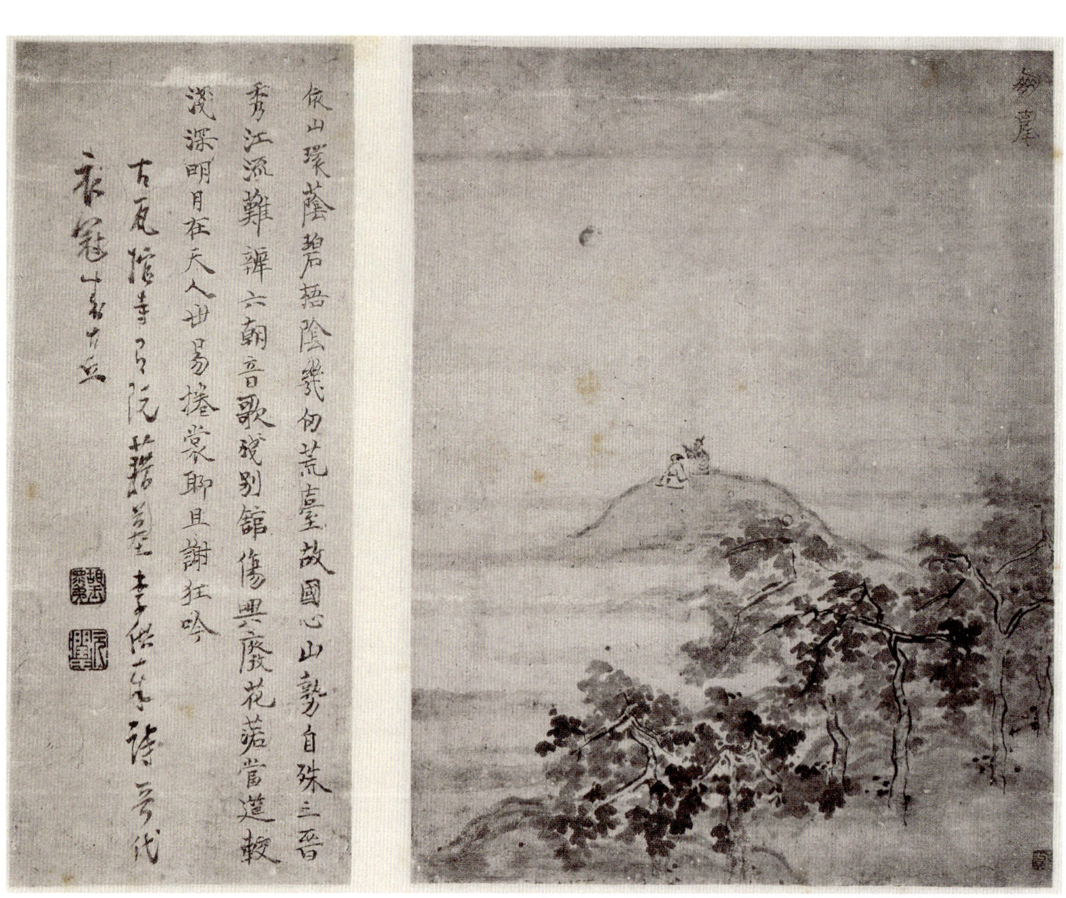

第八景 ◎ 凤台

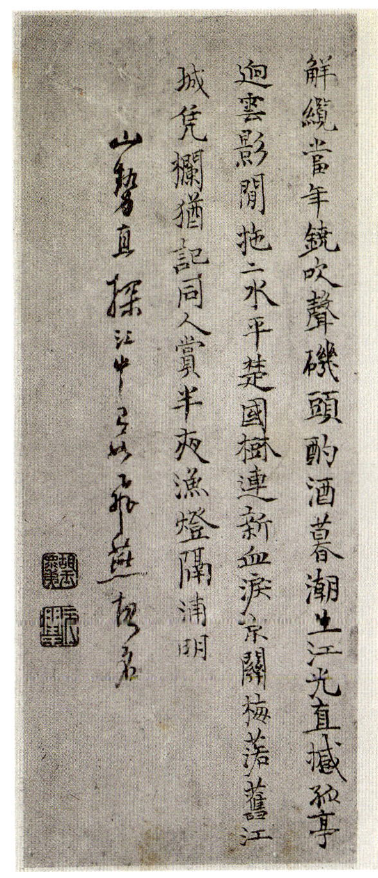
解纜當年鐃吹聲磯頭酌酒暮潮生江光直撼秋亭
迥雲影閒拖二水平楚國樹連新血淚京關梅落舊江
城凭欄猶記同人賞半夜漁燈隔浦明

燕磯

第九景 ◎ **燕矶**

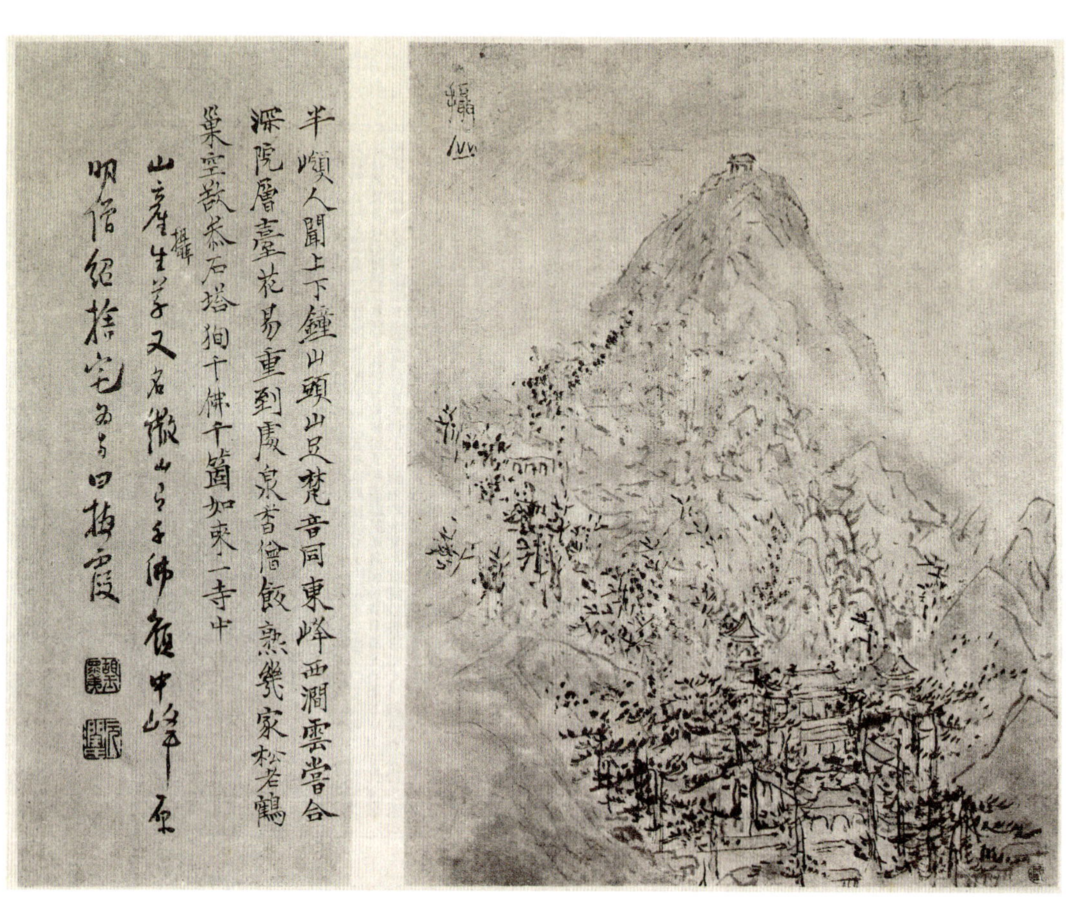

第十景 ◎ **摄山**

中華民國九年十月十日第一次印竣

明胡元潤金陵名勝圖册 共十頁

價洋一元

外埠加郵費五分

版權所有

製版所 上海六馬路東新橋北首吉慶坊內 國光印刷精良部

發行所 上海拋球塲北寗波路 神州國光社 北京琉璃廠甸公園內

代售處 各省大書坊

謹告購畫諸君

神州古國開化至先故文物至盛數千年來蘊蓄精華偉爲國光此重足翹異他國者也加以地大物博吾民優秀卓然名家代有其人雖屢經兵火而眞蹟留傳人知寶守終不能使之盡歸湮沒本社搜羅眞蹟遍及海內收藏各家七年以來每從繁夥故於神州國光集外（不與國光集重複）更添印各種單行本册頁手卷大畫片之類現計所印成及已製版者碑版十餘種書畫册七十餘種大畫片四十餘種務使神州瓌寶得早日盡發見於世界（本社出版物爲日本英法德美購去頗夥）以發彰吾國美術文藝之特色而應愛國好古者之求此則本社區區之意也

本社現所印成之碑版書册較其原值已在十萬金而購者費三四十金便可盡得此至寶不啻盡爲我有其便于寒素之士不淺嗜古之士據此亦足自豪矣且所印各鉅蹟精品多爲故家世藏寶守不輕示人尤非金錢重價所可得者今得一一陳列于前以供雅賞快何如之

本社創始用亞土玻璃版精印畫片其紙墨印刷色色精工久荷海內賞鑒家之推許惟亞土版製版每版一次只能印二百頁爲止過此則糢糊本社每版以此爲限不肯多印圖利（如欲再版亦必將版重製即至三版四版均如此故再版所印之畫與第一版無異其所費相同）故現存畫册無幾亟購　諸君祈速購取凡業創始者精繼起者劣蓋創始者不惜工本祇求擴充其名譽繼起者志在爭利則不計其物之優劣如同文局石印初印之本近今其值比前增倍人爭蒐購且不易得而近日滬上石印之局林立其紙墨印刷能如同文之萬一否石印與玻璃版相同及今不購則異日本社初印之畫册其值必將增倍于前此可預信也

古來惟墨蹟始能壽之貞石畫則不能蓋畫筆有乾濕濃淡不可入石也及至今日始發明玻璃版法以印畫其工妙能使面目精神絲毫不失尤非刻石摹擬者可比然石刻文字傳之久遠則初拓之本價必奇昂惟畫亦然則今日初印之本傳之數百年當與目下之金石唐宋拓本同重者亦可預信也

或有謂印本不如眞蹟之可寶者此語誠然然眞蹟僅有一本焉得人人得而寶之藏之且眞蹟日久終必凋殘愈傳愈罕此時惟留印本則眞蹟反藉印本以傳即如金石所摹刻之歷代墨寶其眞蹟尚在者有幾而人之重視舊拓初拓之本不與眞蹟有殊則他日人之重視本社初印之本亦必不與眞蹟有殊此又可預信也至于本社選印各畫必係舊家世藏曾經名人鑒定其來歷徵據確鑿可信者始行付印又經本社同人再三審愼其不眞者無論矣即眞而不精精而不新者亦不印故必擇眞精新三字俱全者印之故印出之畫能精神煥發夫善于收藏之家有古畫歷數百年而紙白如玉者以其能眞而精精而新故可貴非必以僞工熏染黯黑之畫便可謂之古也蓋畫之眞不眞佳不佳　購者諸君既有同嗜平日固素精鑑別其眞佳者自能有目共賞固無俟本社曉曉之自鳴耳

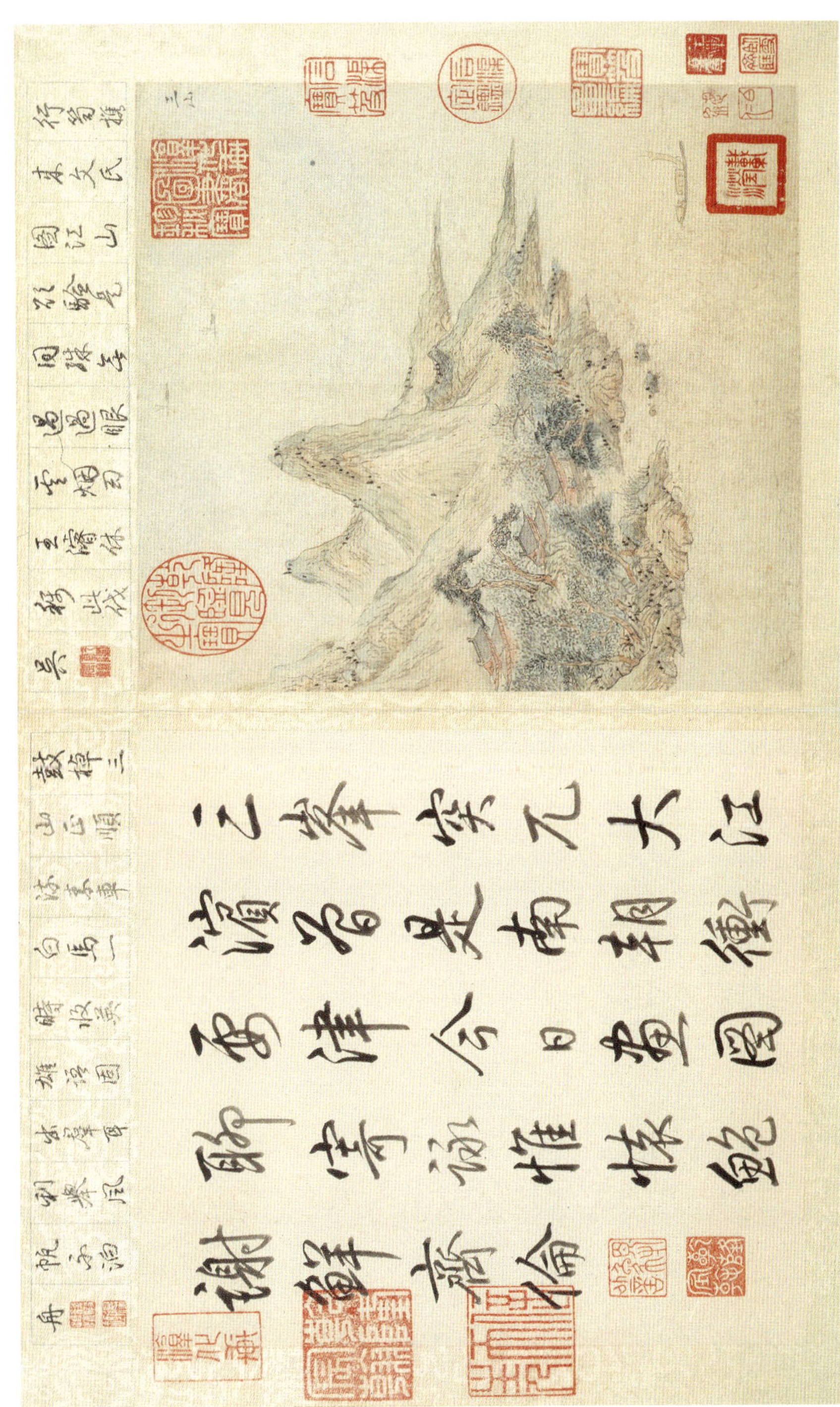

第一景◎三山

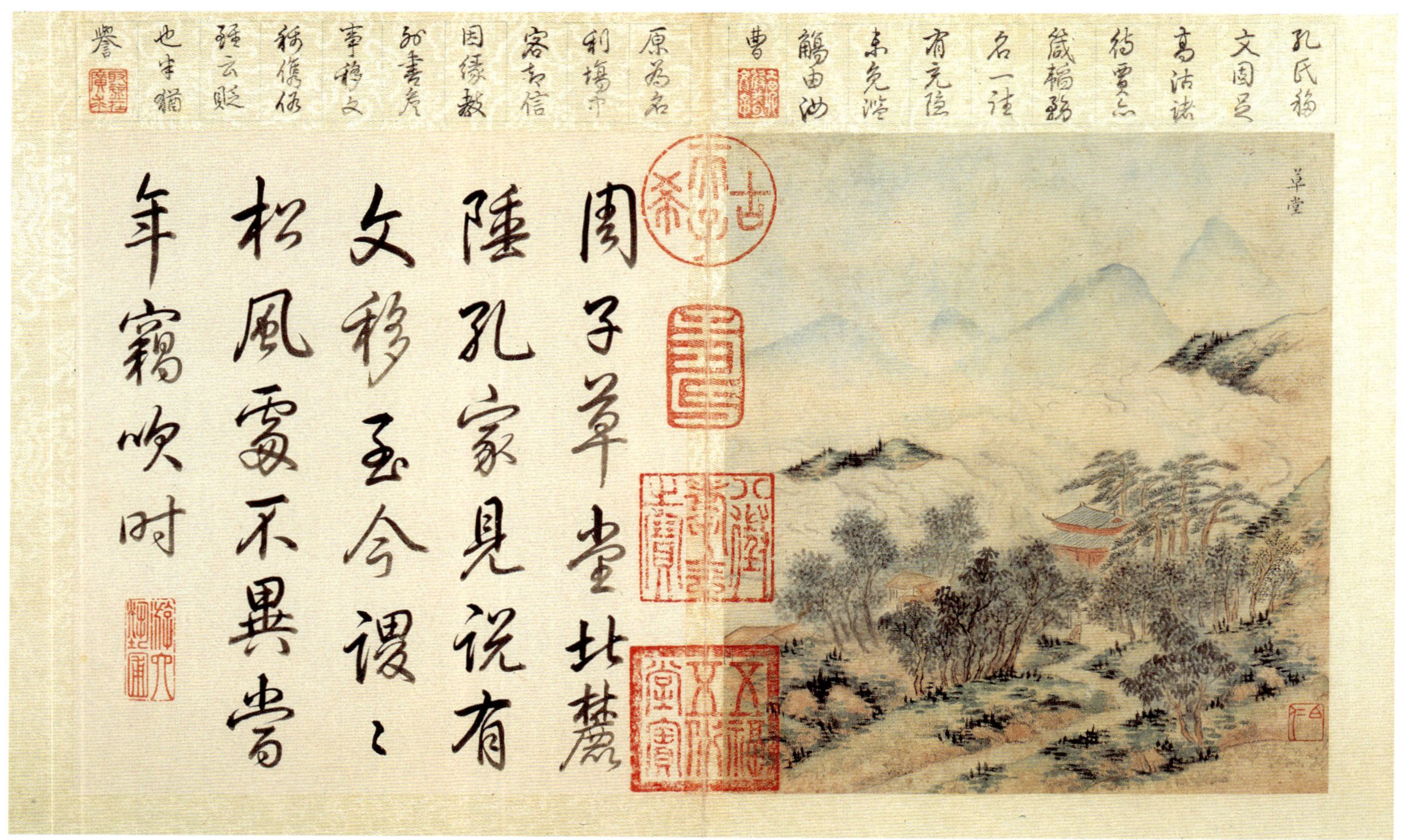

第二景 ◎ 草堂

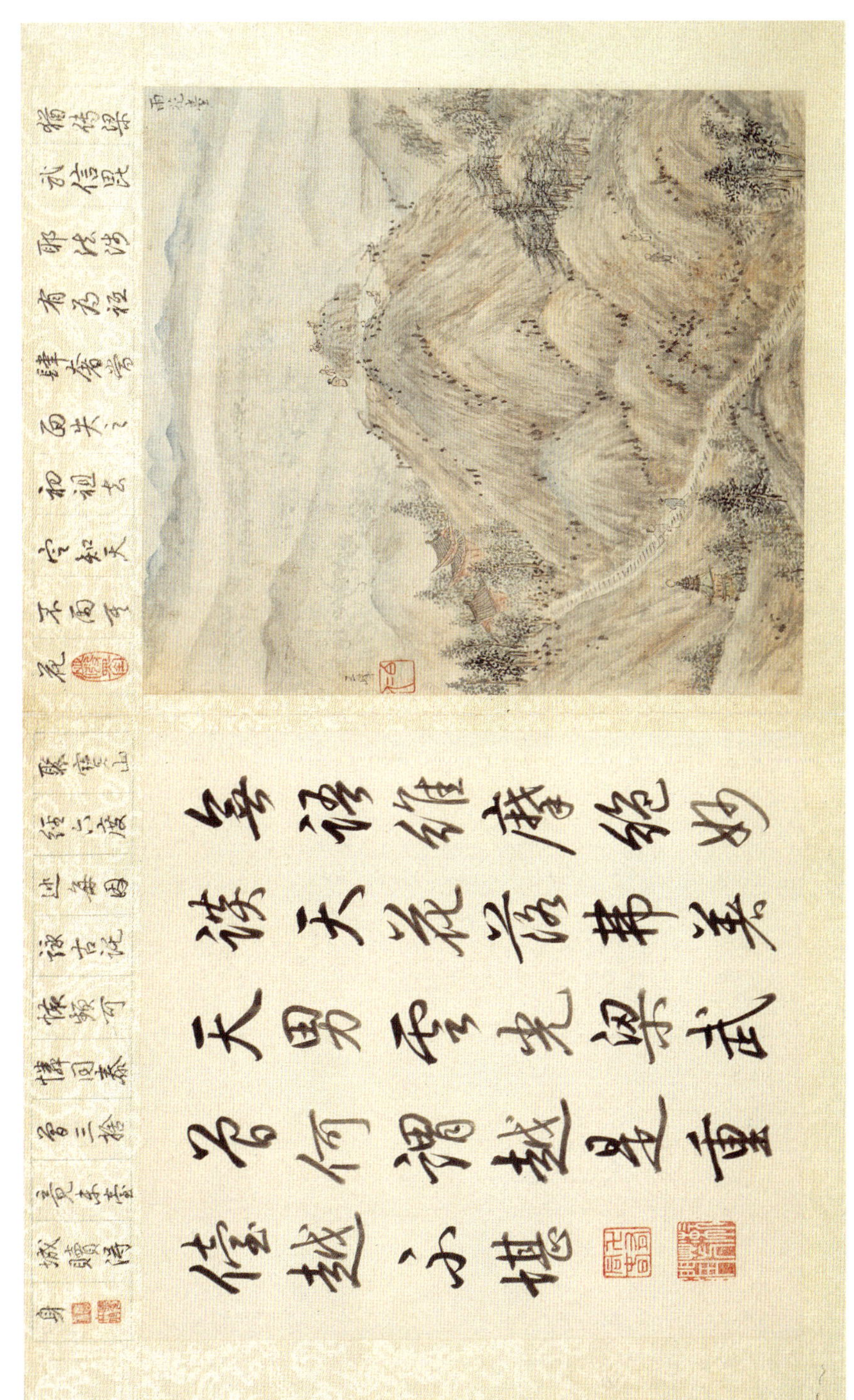

第三景 ◎ 雨花台

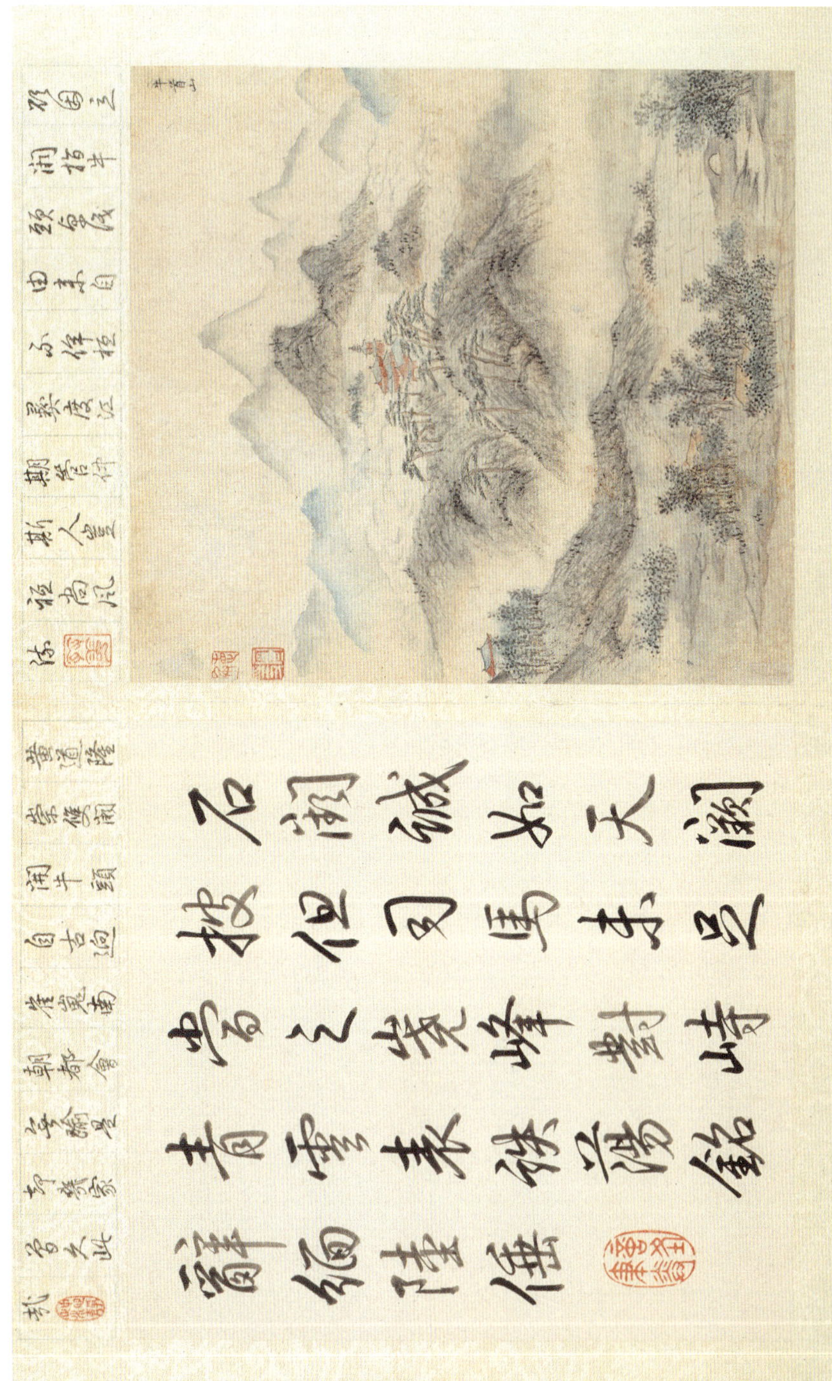

第四景 ◎ 牛首山

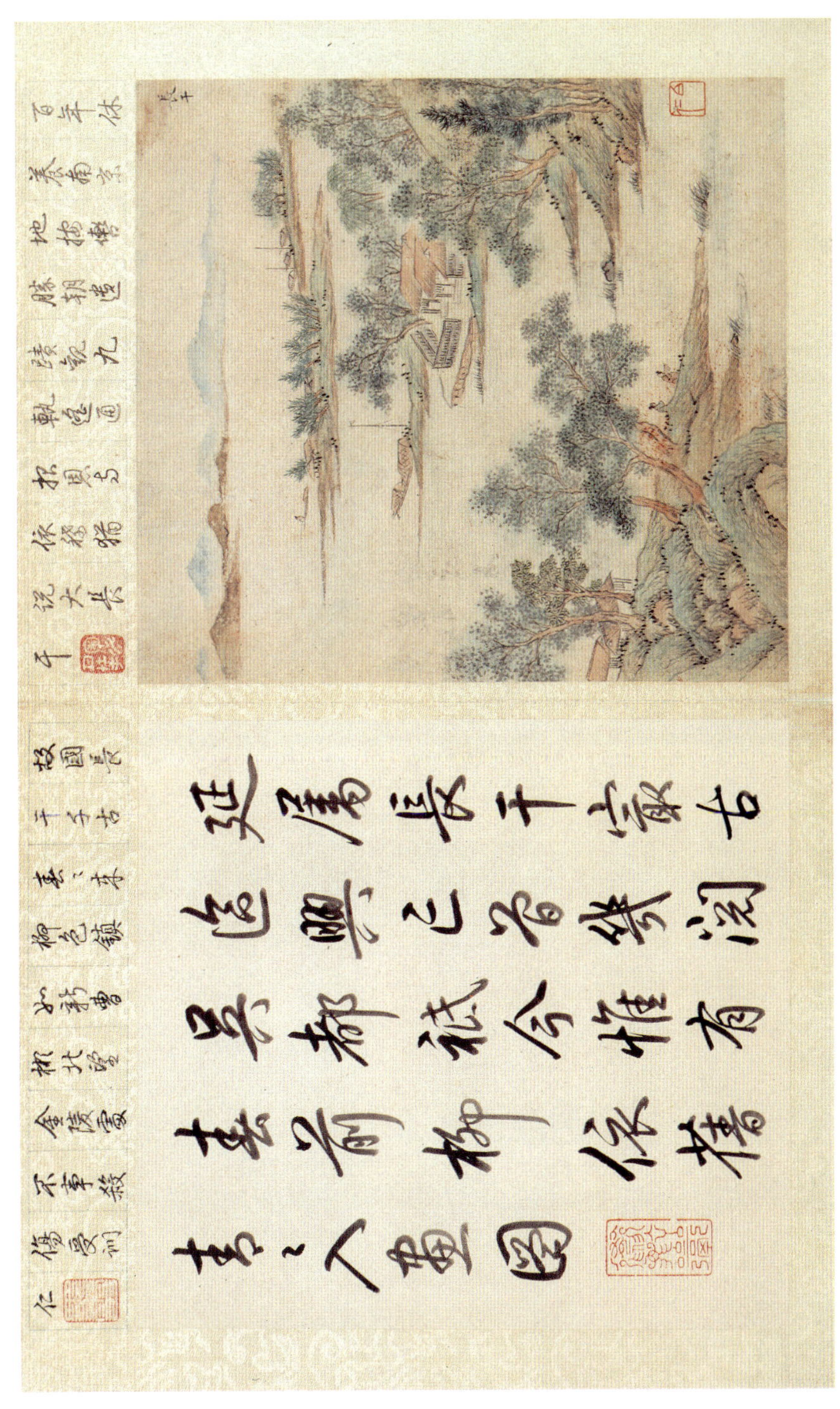

第五景 ◎ 长干

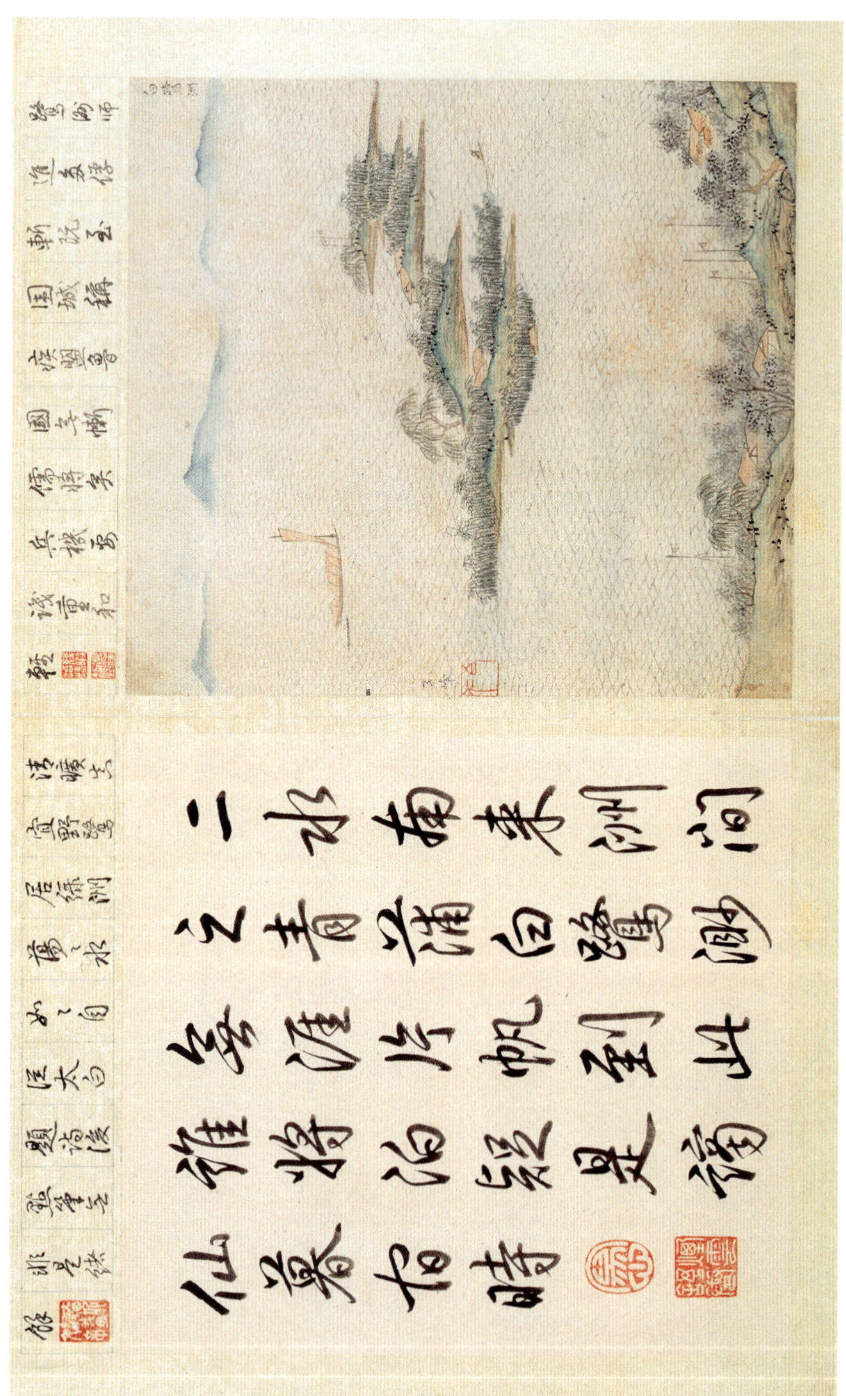

第六景 ◎ 白鹭洲

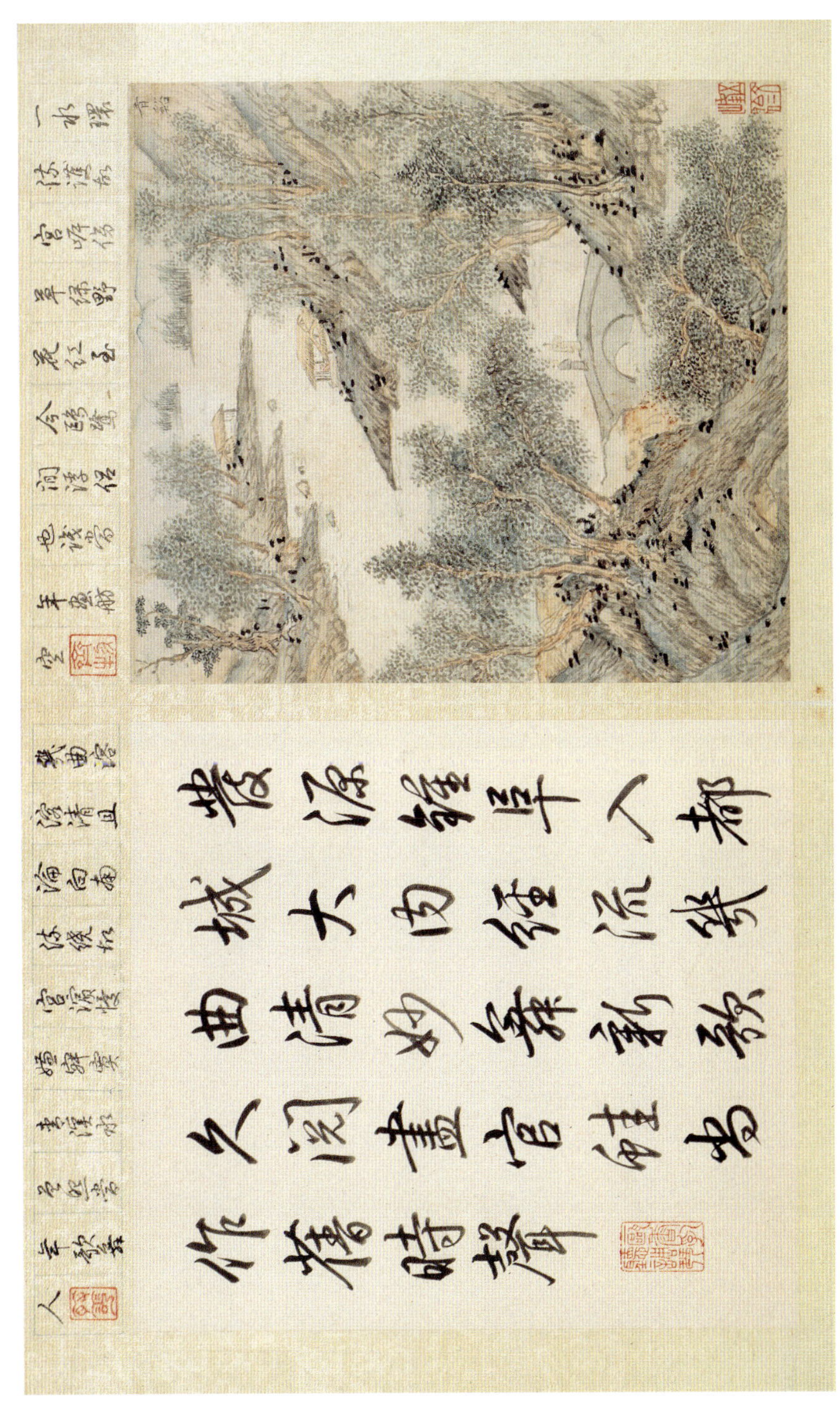

第七景◎青溪

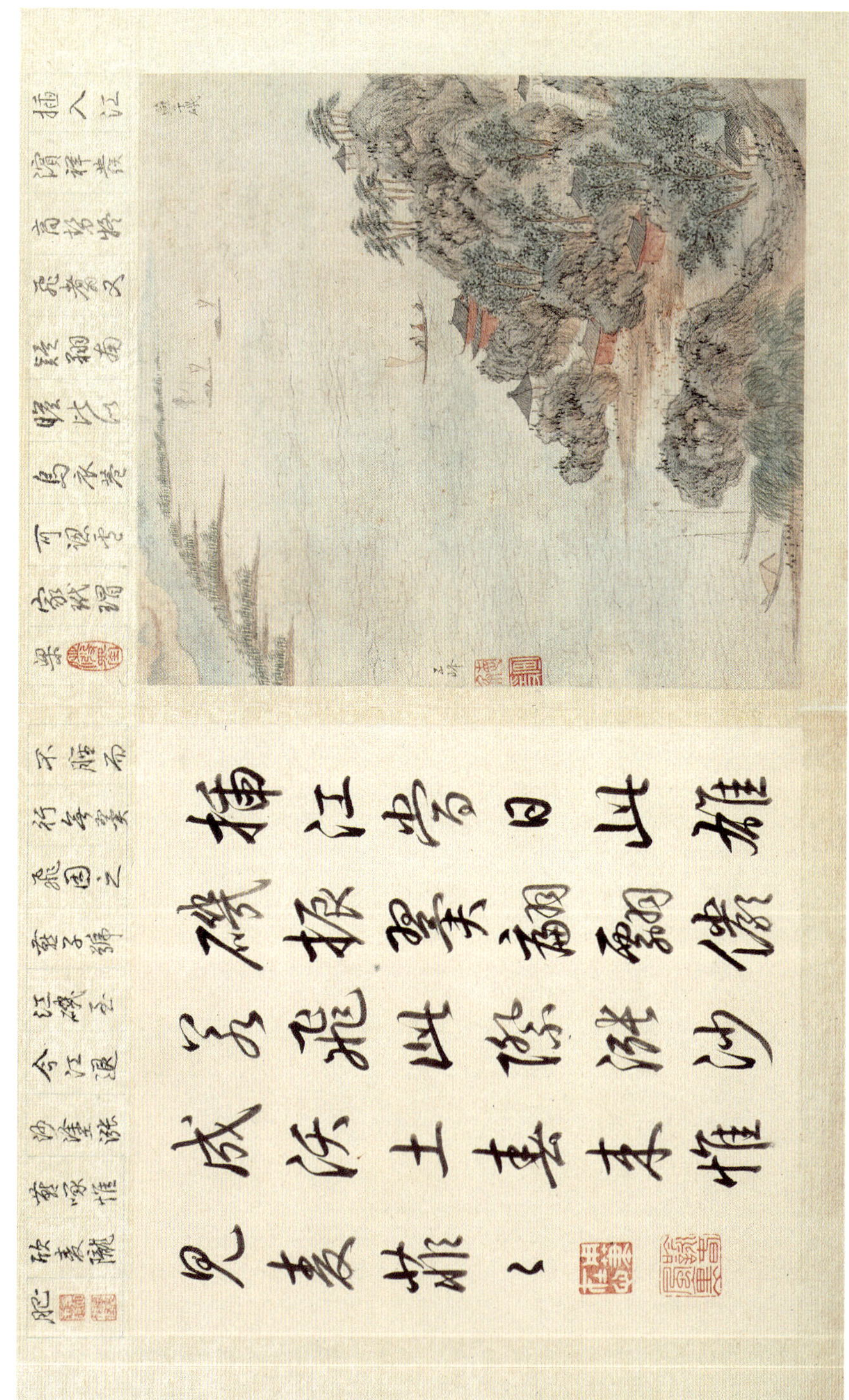

第八景 ◎ 燕子矶

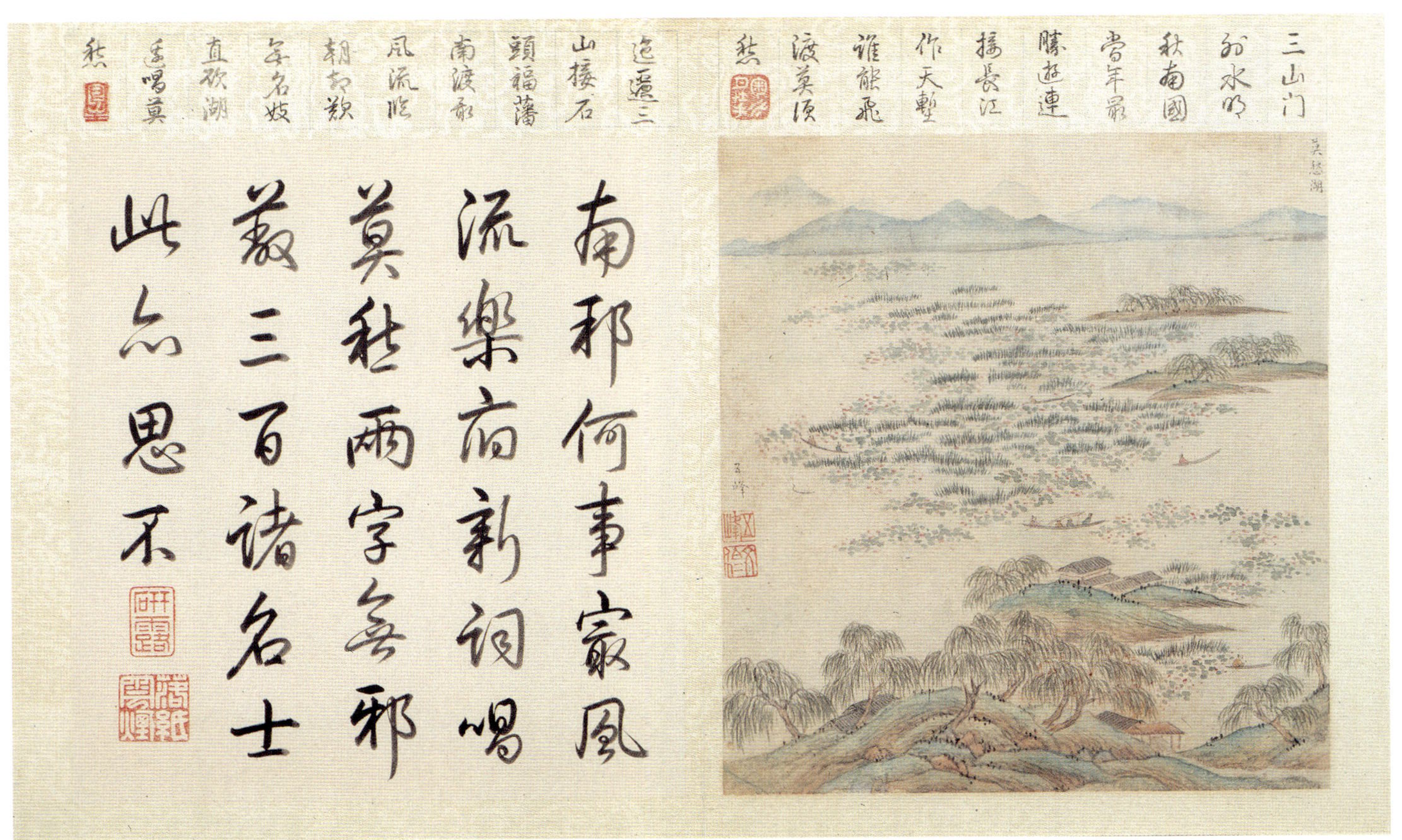

第九景 ◎ 莫愁湖

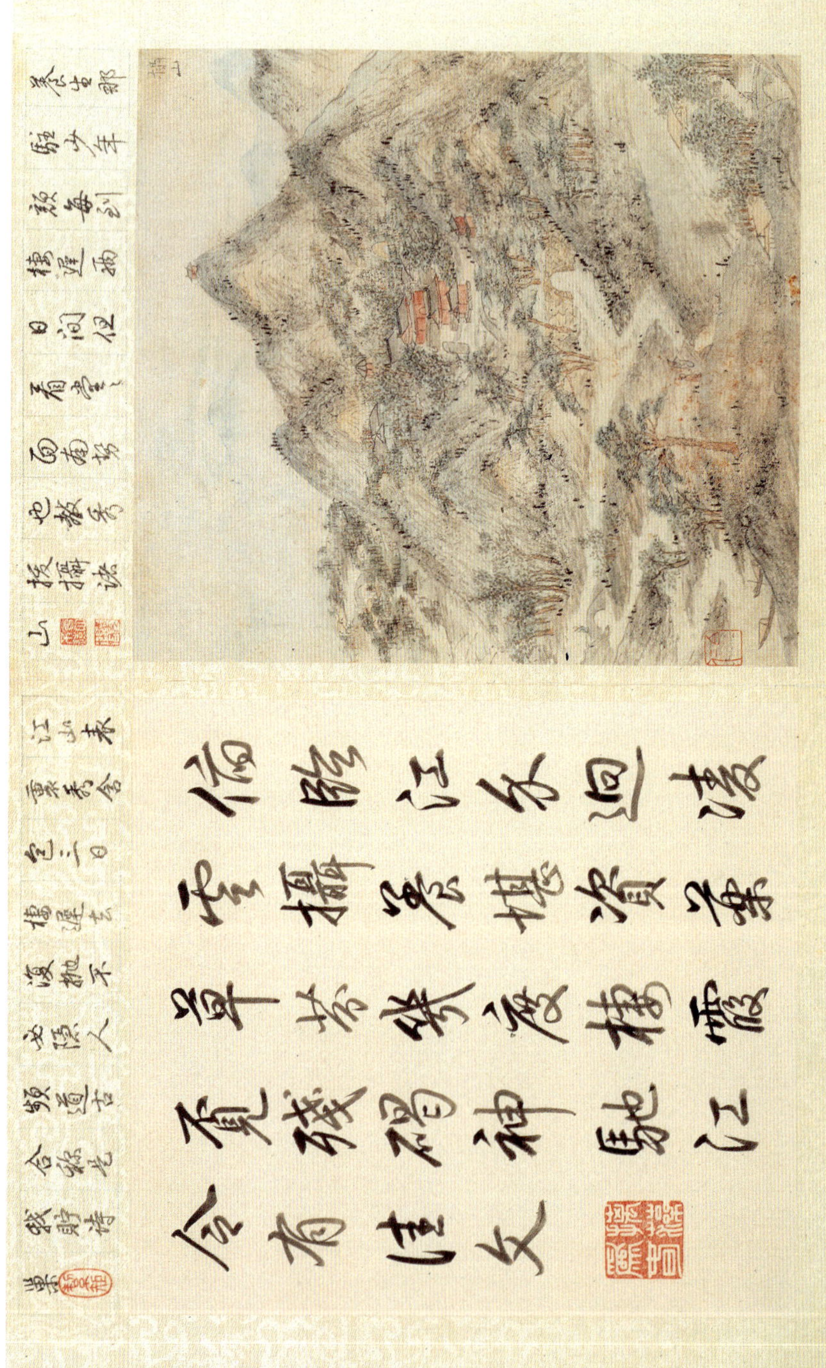

第十景 ◎ 摄山

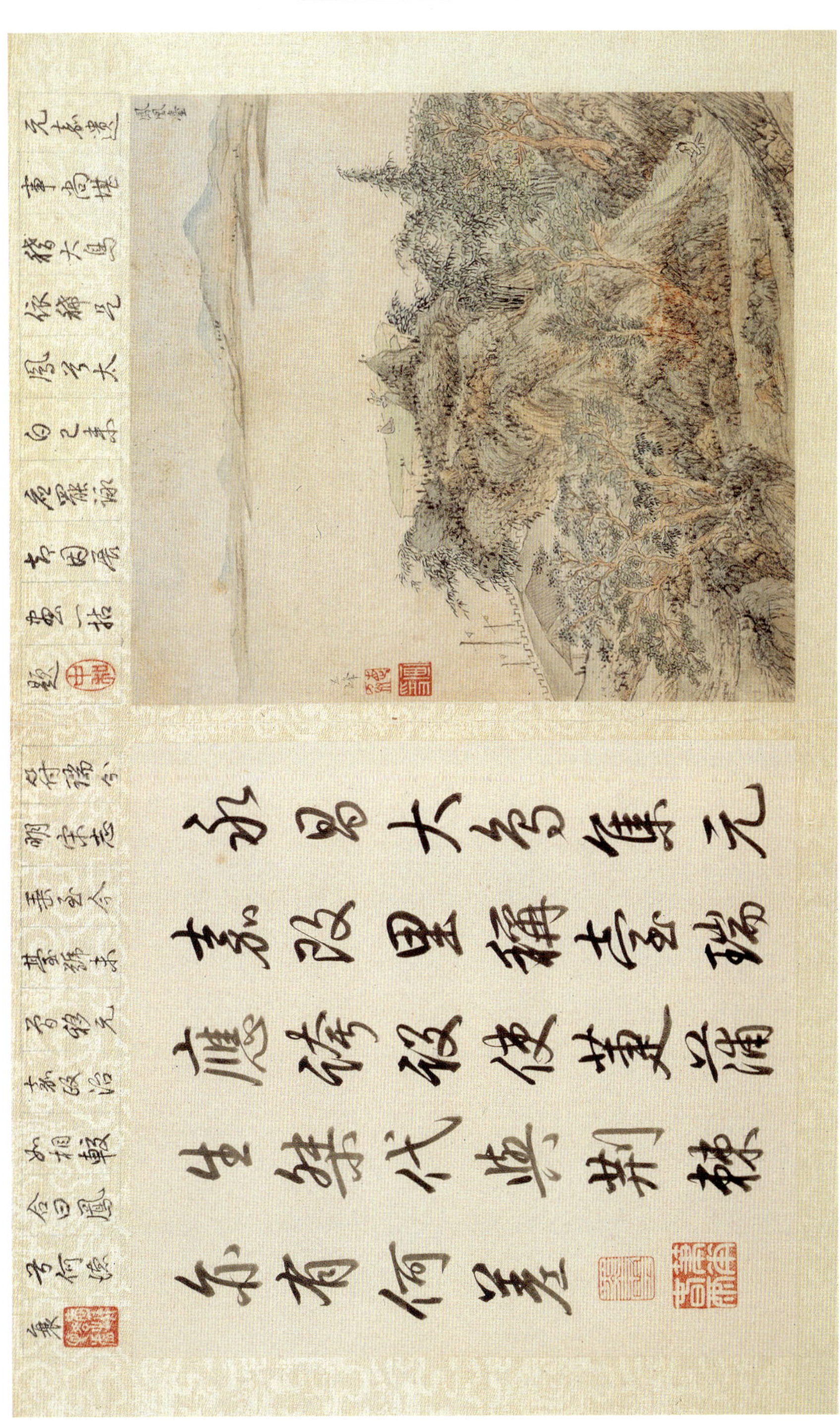

第十一景◎凤凰台

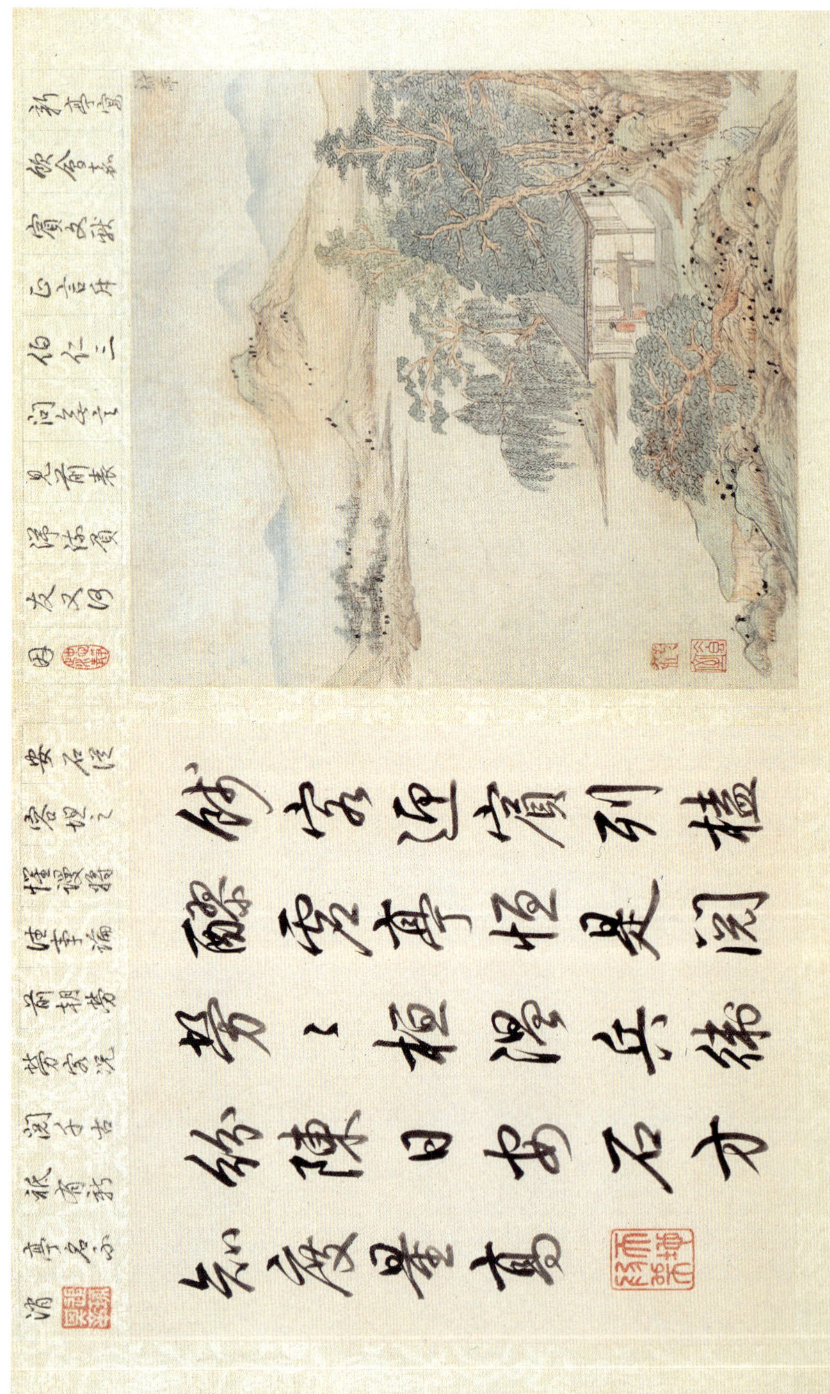

第十二景 ◎ 新亭

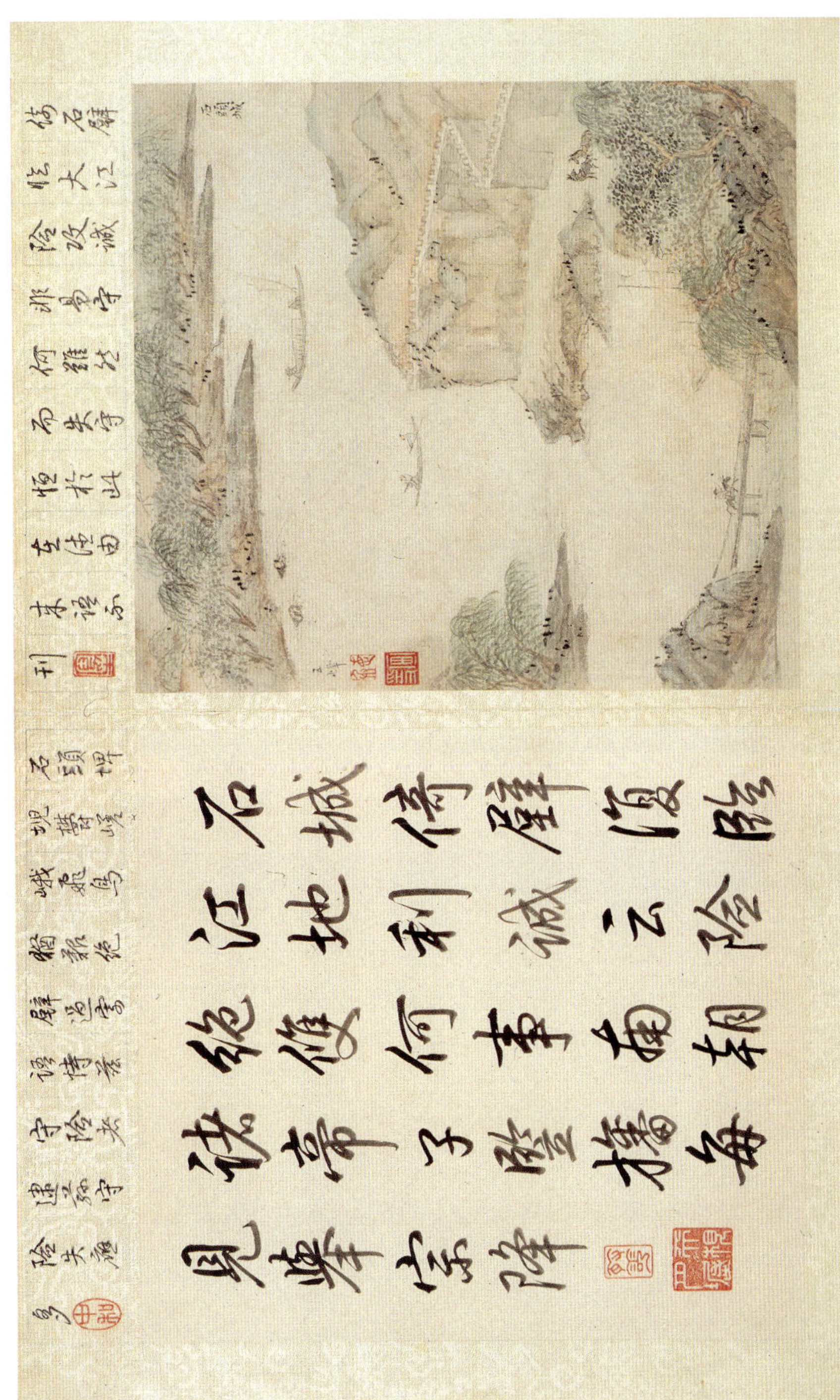

第十三景 ◎ 石头城

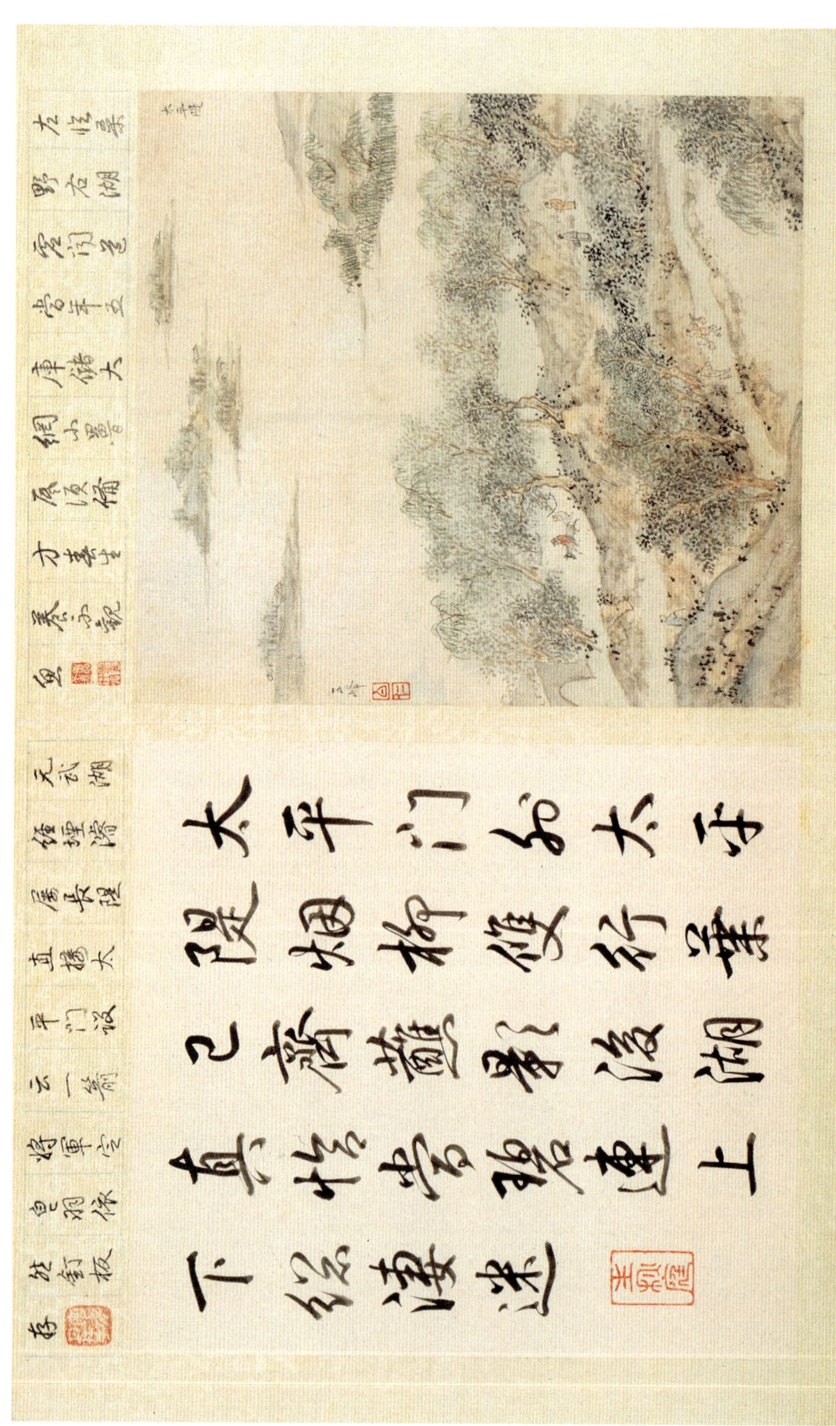

第十四景 ◎ 太平堤

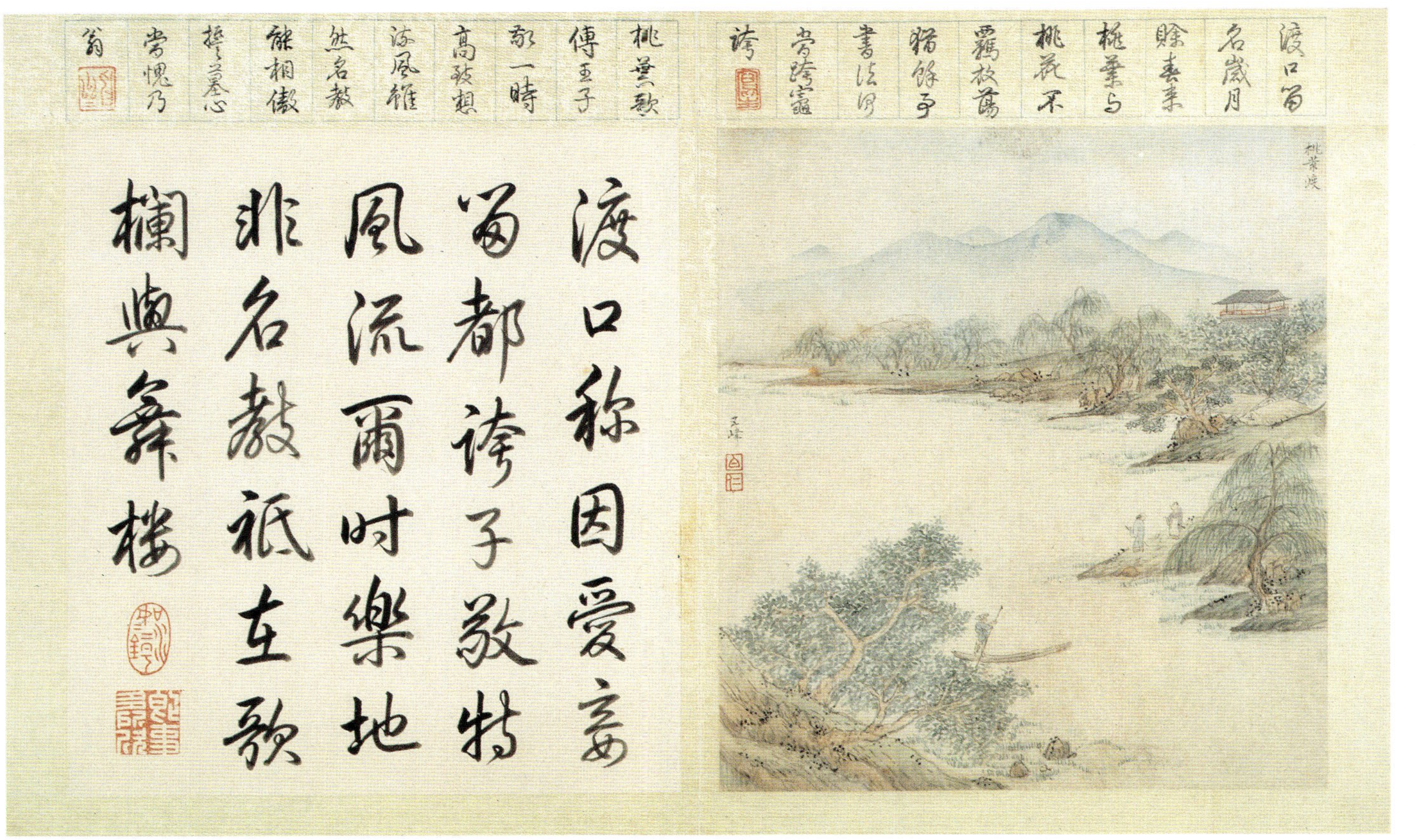

第十五景 ◎ 桃叶渡

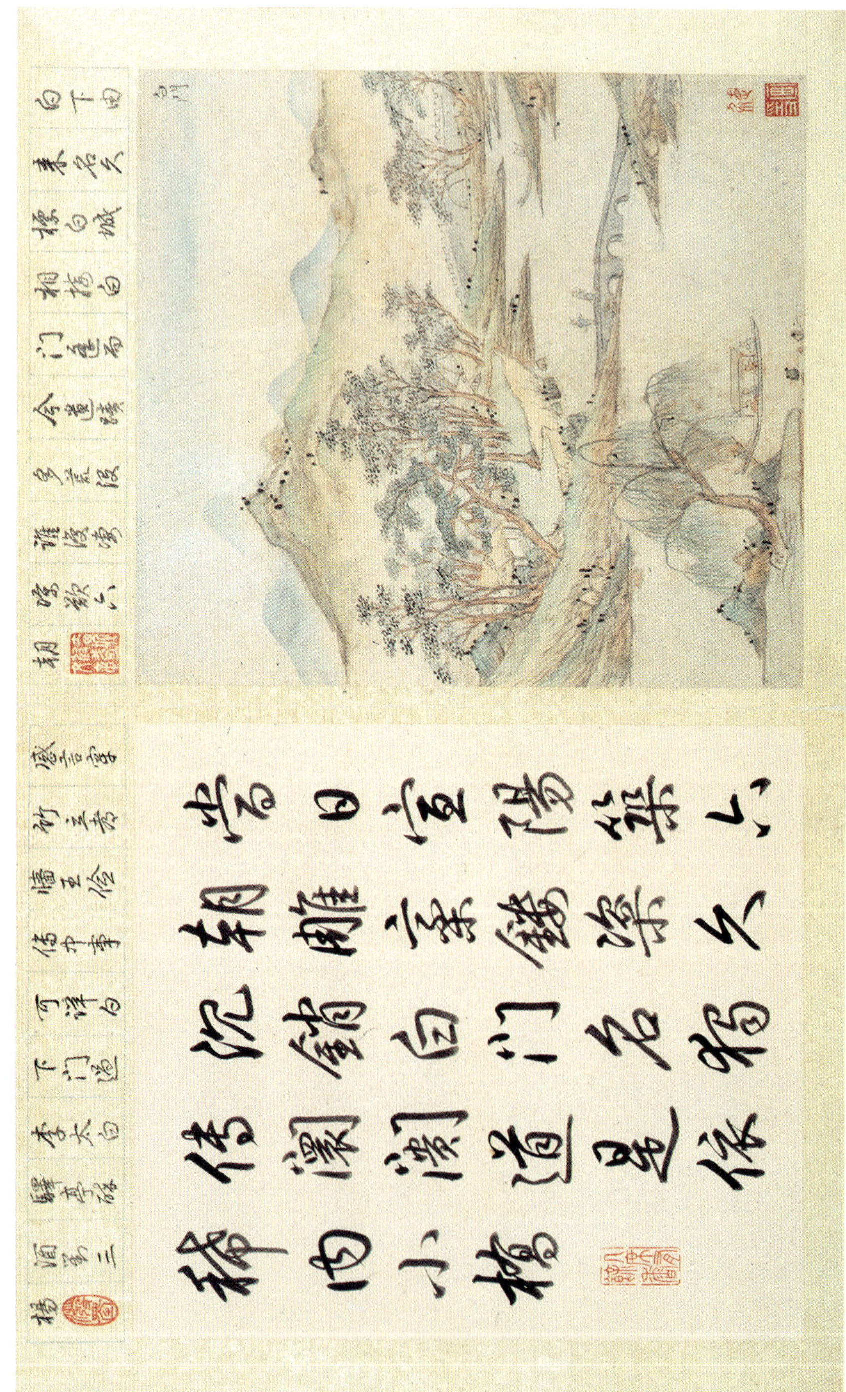

第十六景 ◎ 白门

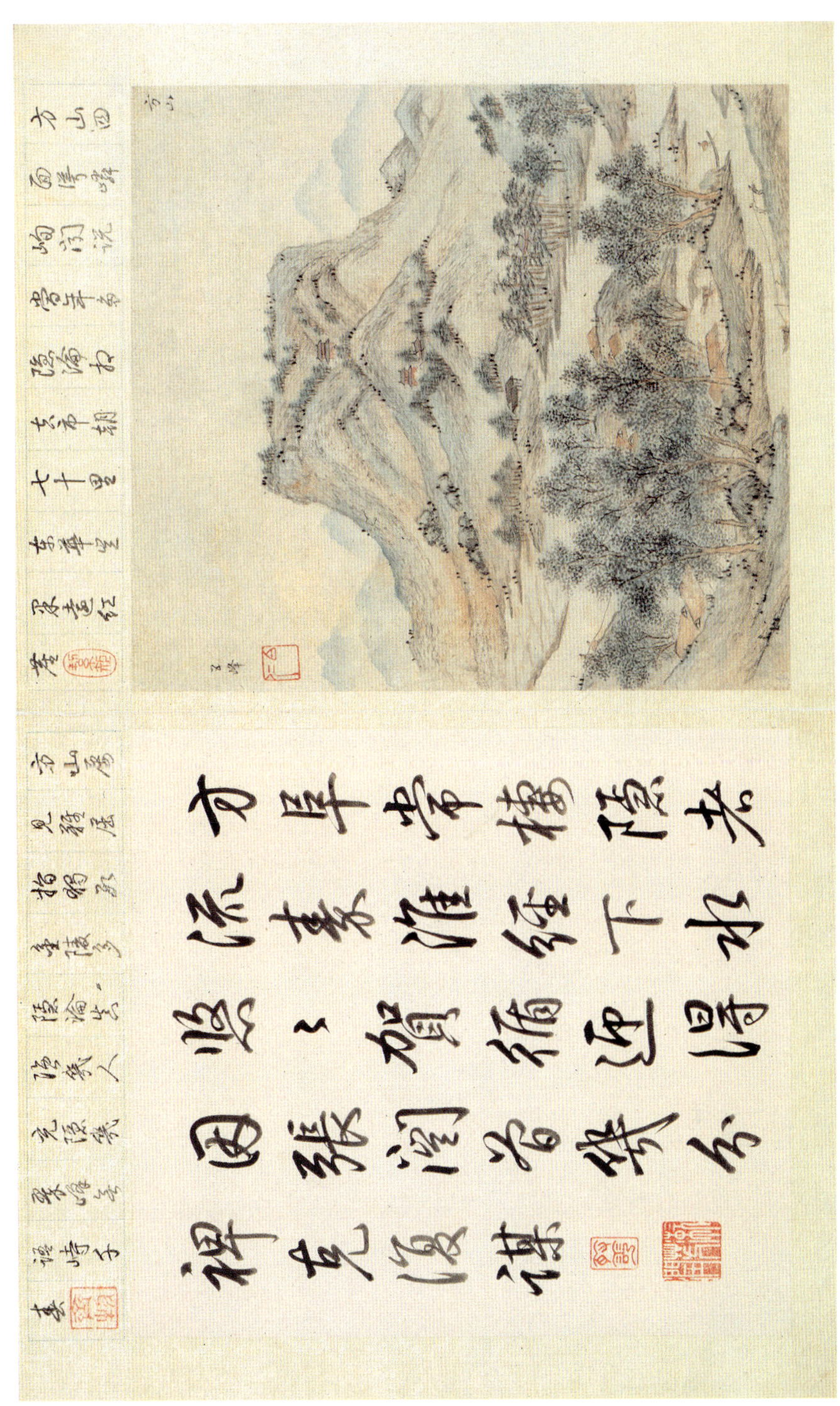

第十七景 ◎ 方山

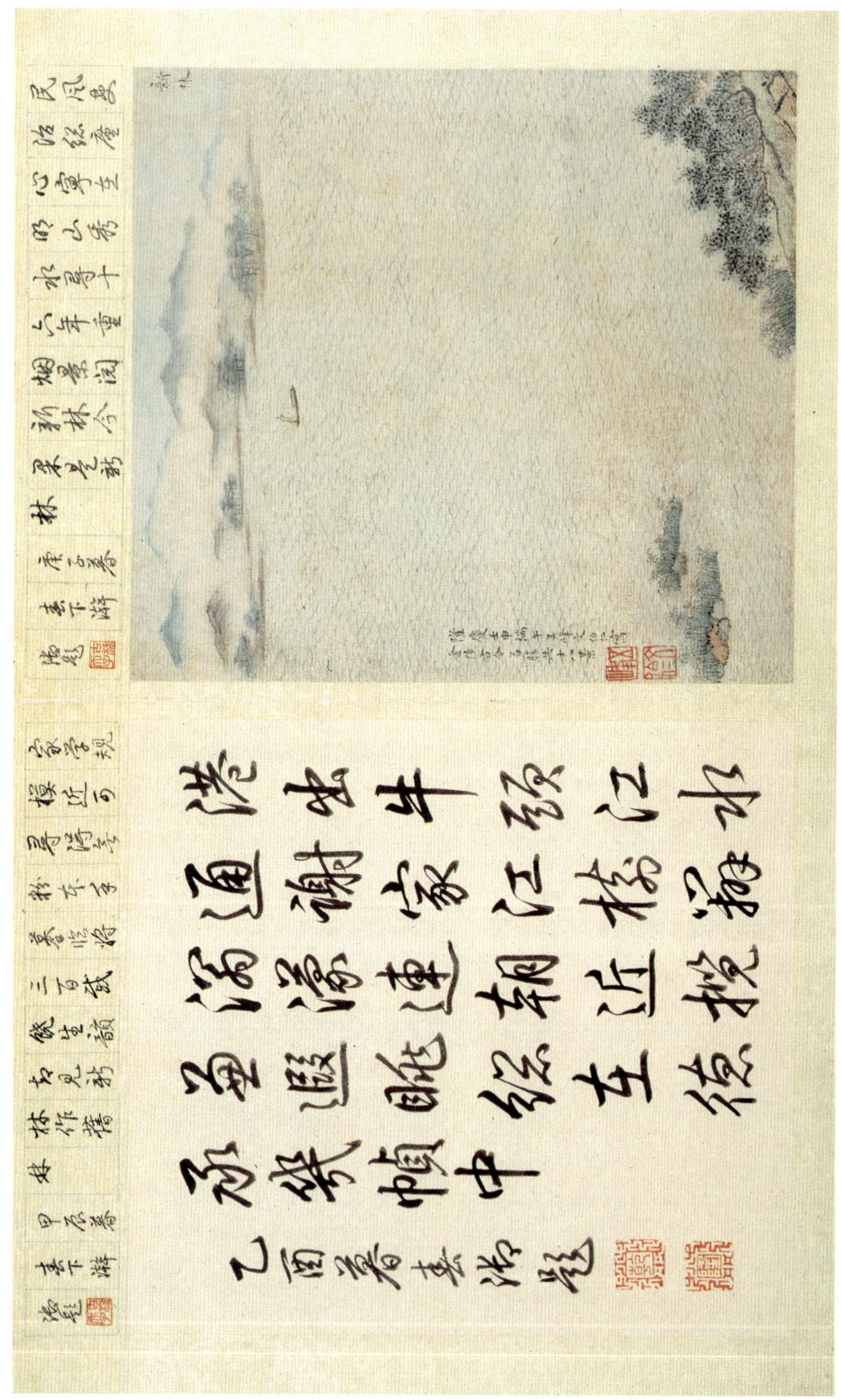

第十八景 ◎ 新林

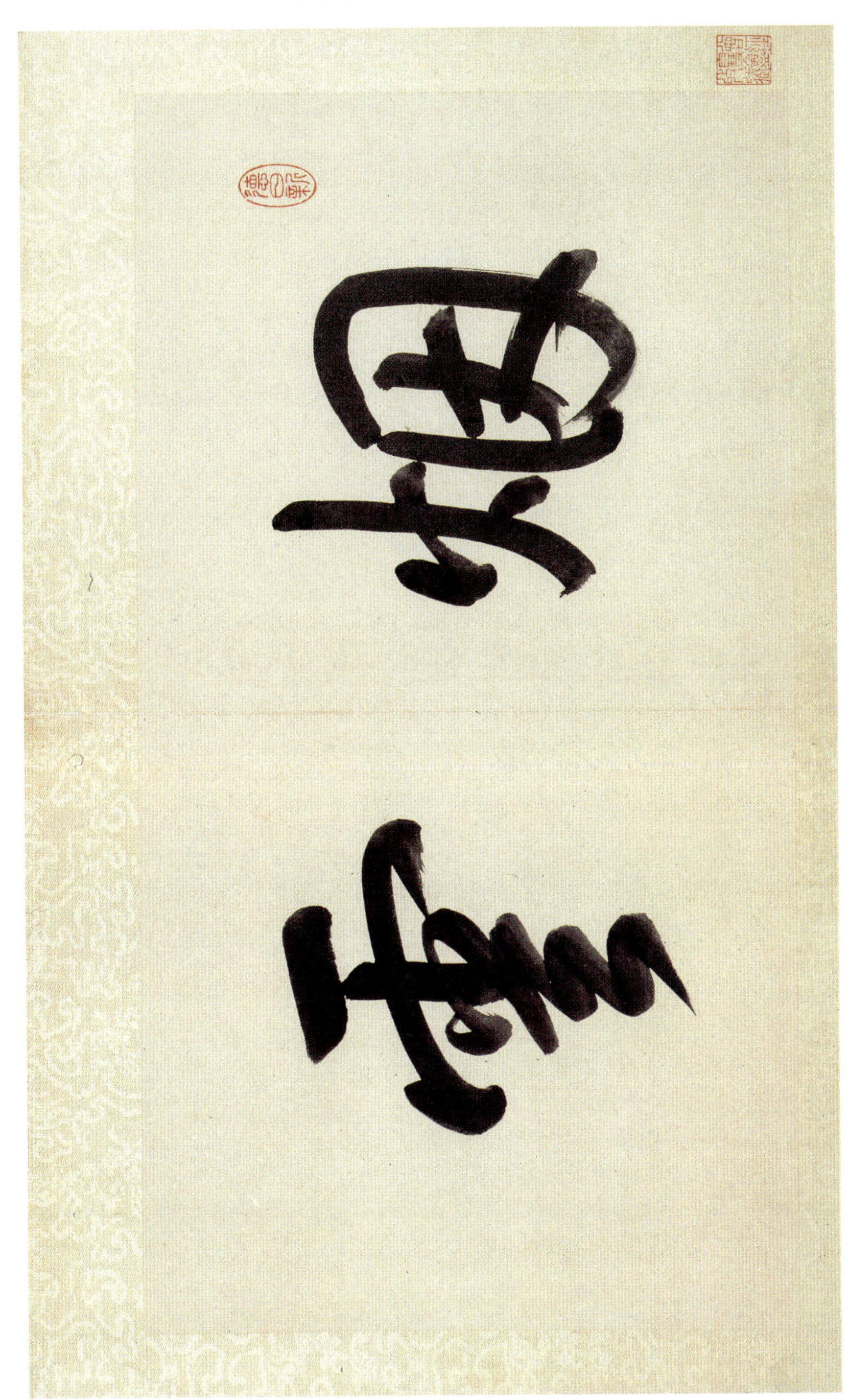

老风景画
南京旧影

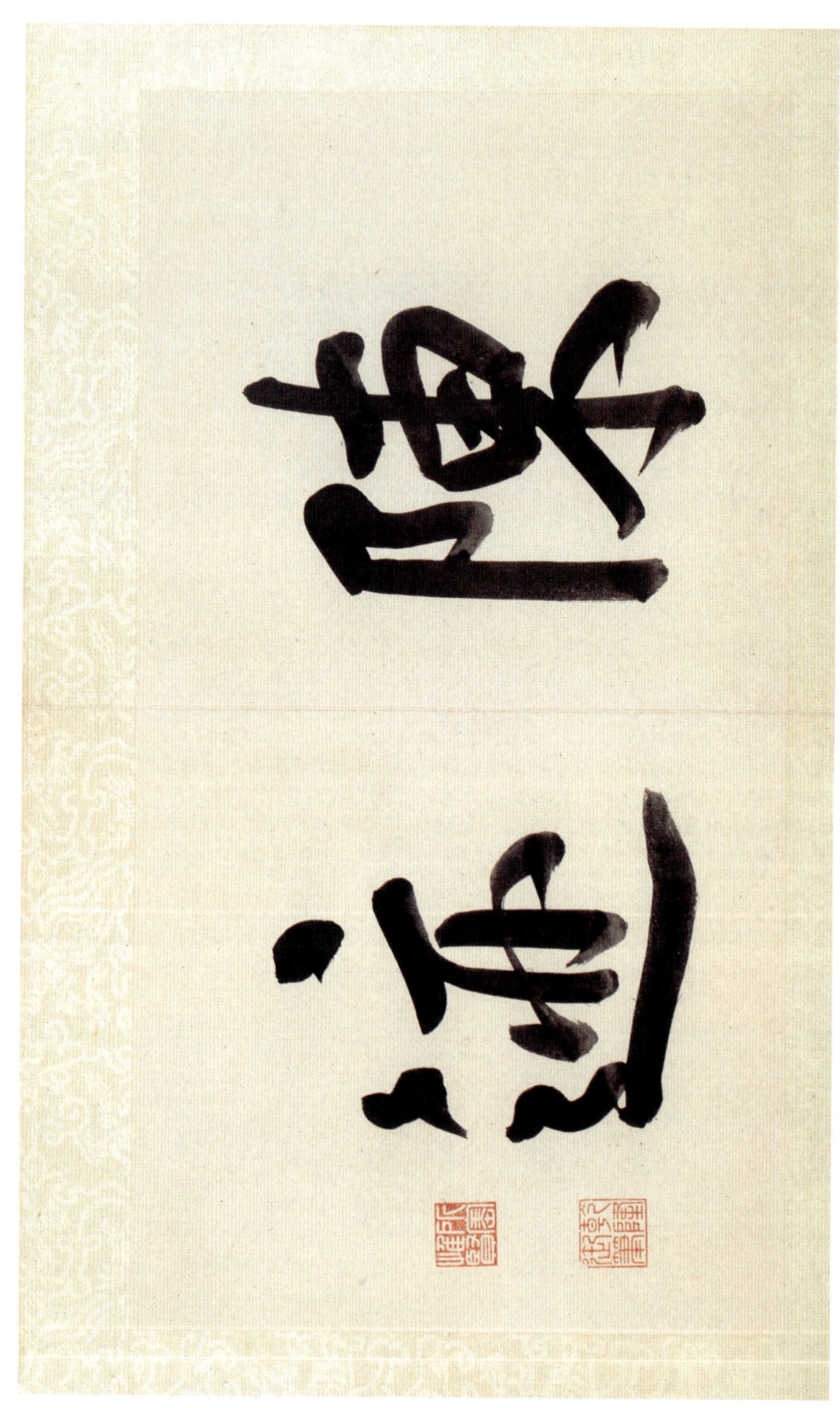

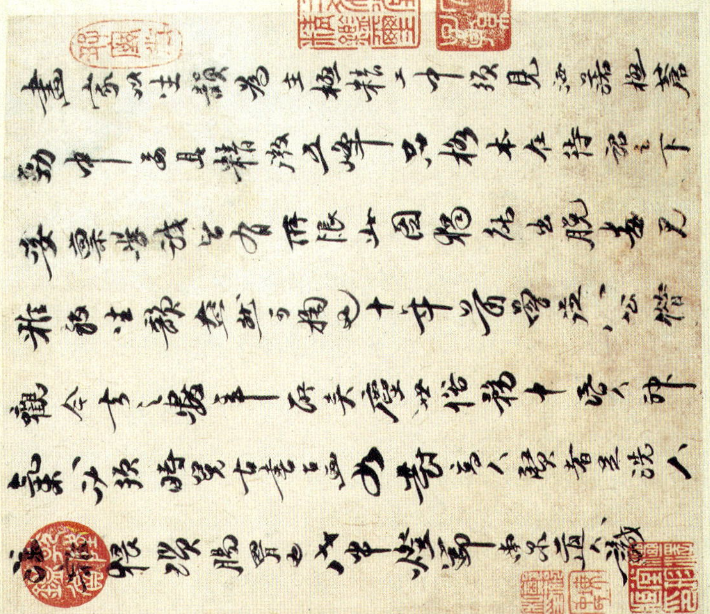

石城霽雪

在府治西二里孫權于江岸必争之地築城因石頭山塹鑿之陡絶壁立孔明稱石城虎踞是其處也當時大江環繞其趾今河流之外平衍若砥民居鱗密十數里始達江滸陵谷之變遷此其徵驗已

城烏啼徹曉光新延佇千林皓彩匀虎踞蒼崖增白額龍蟠金闕換銀鱗江天頓改尋常色廬井都無一點塵八表晶瑩疑合璧翩翩鶴馭集羣真

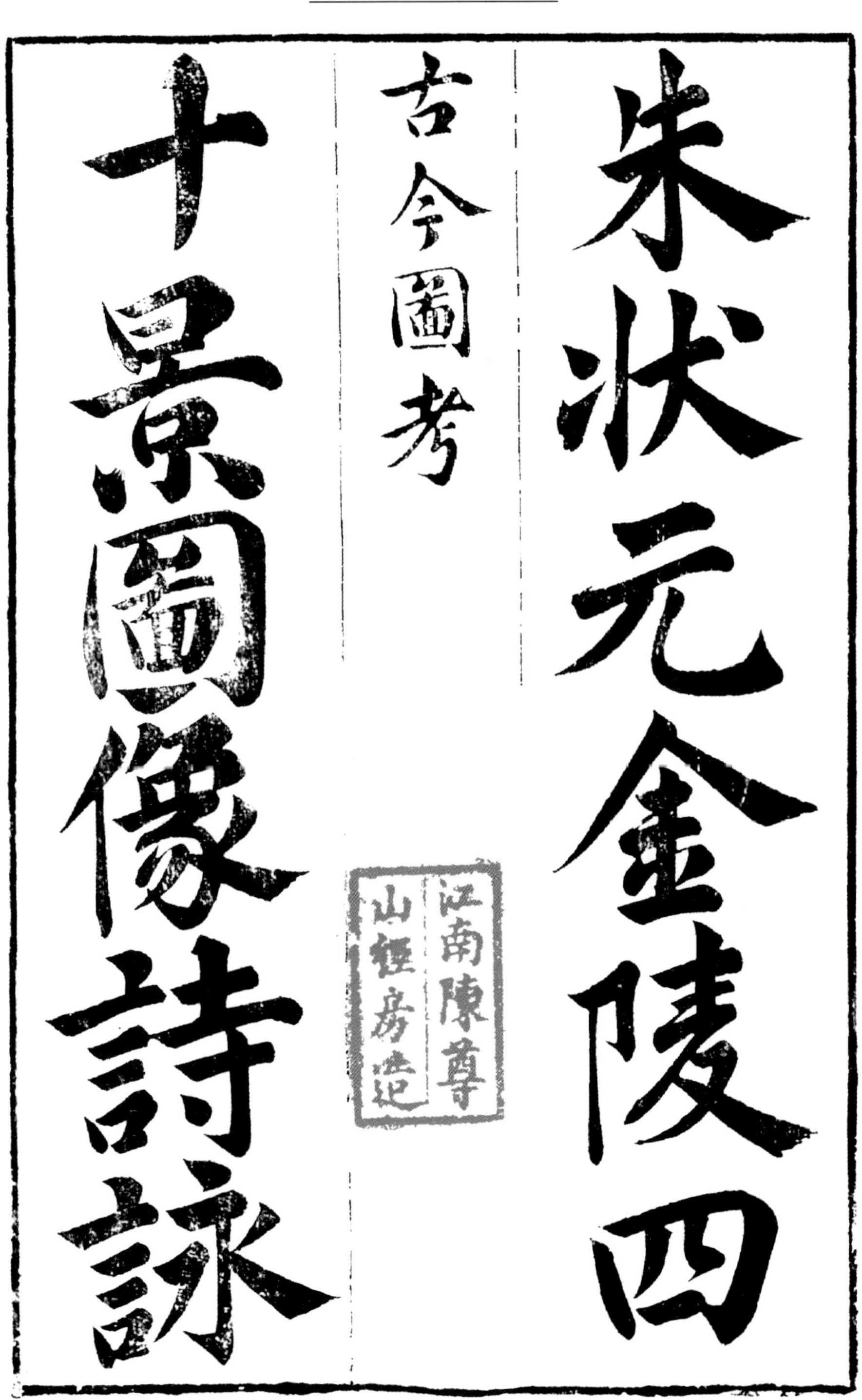

朱狀元金陵四

古今圖考

江南陳尊
山經房造

十景圖像詩詠

金陵圖詠序

守內郡邑有志必標景物以彰形勝著名績金陵自秦漢六朝夙稱佳麗至

聖祖開基定鼎始符千古王氣而龍蟠虎踞之區遂朝萬邦制六合鎬洛殽函不足言雄孟門湘漢未能爭鉅矣相沿以八景十六景著稱題咏者互有去取觀覽者每嘆遺珠之蕃生長于斯既有厚幸而養痾伏處每阻游踪乃蒐討紀

載共淂四十景屬陸生壽栢策蹇浮舠影歷其境圖寫逼真摽舉其槩各為小引系以俚句梓而傳焉雖才短調庸無當于山川之勝而按圖索徑聊足寄卧遊之思因手書以付梓人題数語以弁首簡貽我同好用俟賞音云尔

天啓癸亥嘉平日朱之蕃書

金陵圖詠 目錄

鍾阜晴雲　石城霽雪　天印樵歌
秦淮漁唱　白鷺春潮　烏衣晚照
鳳臺秋月　龍江夜雨　弘濟江流
平堤湖水　雞籠雲樹　牛首烟巒
桃渡臨流　杏村問酒　謝墩清興
獅嶺雄觀　棲霞勝槩　雨花閒眺
憑虛聽雨　天壇勒騎　長干春遊
燕磯曉望　幕府仙臺　達摩靈洞

靈谷深松　清涼環翠　宿巖靈石
東山碁墅　嘉善石壁　祈澤龍池
青溪游舫　虎洞幽尋　星岡飲興
莫愁曠覽　報恩燈塔　天界經魚
祖堂佛跡　花巖星槎　冶麓幽棲
長橋艷賞
杜太常和韻

金陵四翰林雅游編

鍾阜晴雲

在府治東北漢末有秣陵尉蔣子文逐盜遇難吳大帝為立廟封曰蔣侯因避祖諱改鍾山之名曰蔣山南北並連山嶺其形如龍故孔明稱為鍾山龍蟠自梁以前寺至七十餘所今為孝陵禁地不可復考惟日夕變態見王氣所鍾云

蟠龍夭矯遡江流毓瑞凝祥燦未收地擁雄圖沿六代天留王氣鎮千秋迎將東旭朝光麗映帶明霞暮靄浮定鼎卜年綿曆祚龍蔥秀色繞皇州

第一景 ◎ 钟阜晴云

石城霽雪

在府治西二里孫權于江岸必争之地築城因石頭山塹鑿之陡絶壁立孔明稱石城虎踞是其處也當時大江環繞其趾今河流之外平衍若砥民居繁密十数里始達江滸陵谷之變遷此其徵驗已

城烏啼徹曉光新延竚千林皓彩匀虎踞蒼崖增白額龍蟠金闕换銀鱗江天頓改尋常色廬井都無一點塵八表晶瑩疑合璧翩翻鶴馭集羣真

第二景 ◎ 石城霁雪

天印樵歌

在都城南四十里高百十六丈周回二十七里四面方如城故又名方山秦始皇鑿金陵此方是其斷者東南有水下注長塘流漑平陸入山至定林寺亦極幽閒其巔最高曠不生雜樹惟蔓草遍布如茵上有石龍池下有葛仙公井

巨靈斧削青芙蓉覆斗稜稜印作峰曲徑逶迤凌陡壁山樵攀捫歷高墉丁丁木韻傳幽谷隱隱歌聲雜遠鐘四望砥平空翠合探奇何處覓行蹤

第三景 ◎ 天印樵歌

秦淮漁唱

在上元縣治東南三里秦始皇東巡會稽經秣陵因鑿鍾山斷長壠以疏淮本名龍藏浦上有二源自句容溧水來合方山埭西注大江因秦所鑿故名秦淮今與青溪合流自西水關出于江

疏鑿雖勞利永存清溪曲折貫重垣風和岸柳堪邀笛月滿蓮舟好泛樽自可乘流歌濯足何須曬網住江村綸竿寄興湄 忘得為謝游鱗莫避喧

第四景 ◎ 秦淮渔唱

白鷺春潮

在府治西南八里周回十五里即太白詩所稱二水中分白鷺洲是也控阨上流足為天險舊有賞心亭白鷺亭二水亭踞城瞰洲今城既恢拓亭亦久廢惟潮汐無改耳

江天空濶水雲連荻笋蘆芽望邈綿春色漫誇梅柳
早閒情惟覺鷺鷗偏沙痕深淺潮生落帆影東西燕
往還清聖傾將酬遠覽千秋猶憶酒中仙

第五景 ◎ 白鷺春潮

烏衣晚照

在府城南王導謝安渡江來同居此巷其子弟皆烏衣故以名之巷口為朱雀橋今都城分隅於聚寶門外其岡阜層疊形勝猶存六朝事跡載王榭航海失船泛一木至烏衣國妻以女久之思歸乘雲軒回托燕寄書往還似屬怪誕

庭階玉樹振琳琅門閥猶傳奕世芳故壘幾番更燕子高城依舊下斜陽豪華想像山川色韻致騫騰藻翰香宅址草深墩樹老棲烏陣陣集昏黃

第六景 ◎ 乌衣晚照

鳳臺秋月

在府治西南二里杏花村中宋元嘉時鳳凰集於此山築臺山椒以表嘉瑞舊有保寧寺宋齊丘長詩刻石李白繼響向為貴家園圃極華整後皆圮廢今就其庵舍葺為鳳遊寺臺屬寺中庶幾遺跡藉以永存蕃書焦漪園翁所撰碑

倚醉崇臺憶鳳遊詩才無敵鶴橫秋千年郢調歌難和一片長安月尚留水逝空江吳晉遠園移故主羽鱗稠凉生白苧襟沾露猶戀清光飲未休

第七景 ◎ 凤台秋月

龍江夜雨

在府城西南儀鳳門外設關津以征楚蜀材木備脩制官舫之用百貨交集生計繁盛今雖凋獘而穩船湖蕩臨江橋梁水陸兵營規制依然直達觀音上元諸門連接弘濟燕磯江天曠望景稱最勝云

龍躍江關挾雨來烟籠洲渚接樓臺漁燈影暗飛鴻隱簷溜聲喧鐵馬催估客篷窗驚旅夢禪龕蓮漏淨氛埃豚魚吹浪奔濤湧更有長風送遠雷

第八景 ◎ 龙江夜雨

第九景 ◎ 弘济江流

弘濟江流

寺名弘濟在府東北四十五里高壁插天瓏瓏奇詭山腰嵌置臺殿女牆之外俯臨揚子大江自岷山發源合湘漢豫章諸水來自西南經西北過鎮江東流入海波濤洶湧魏文帝稱天限南北者此也

靈源萬里發岷峨放海滔騰絕壁過風定千艘帆影亂波澄中夜月明多崖臨巨浸閒舒眺漁集平沙醉和歌高峙燕磯沉鐵鎖看潮虛閣枕山阿

平堤湖水

湖名玄武卽晉之北湖劉宋元嘉末有黑龍見故改今稱齊武理水軍於此號曰昆明池今在太平門外周回四十里湖中有洲洲上置庫以貯圖籍禁不得遊惟長堤障水一望荷芰燦爛香風遠來夾堤高樹坐蔭縱觀不能捨去

湖開玄武貯煙波千丈長堤接硐阿倒浸山光涵翠靄深藏冊府渺銀河漁舟厲禁閒魴鯉錦浪鋪張燦芰荷高樹搓風香掩舟提壺終日藉青莎

第十景 ◎ 平堤湖水

雞籠雲樹

在府治西北七里東連覆舟山其狀如雞籠故名宋元嘉中雷次宗開館齊竟陵王子良移居集四學之士抄五經百家書皆在此山今國學建其下千載文秀鍾焉踞高臨下一望城南蔥菁溢目城中寺宇當爲首稱

孤峯高枕帝城隅南望紛綸列九衢聯合流雲三五片凄迷遠樹萬千株白搖雉堞明湖曲青割虛亭敞奧區遺址蕭梁何用問禪關分榻供伊蒲

第十一景 ◎ 鸡笼云树

牛首烟巒

在府城南三十里舊名牛頭山有二峰東西相對晉元帝初作宮殿城闕郭璞曰闕不便王導指雙峯曰此天闕也故又名天闕連接祖堂獻花巖回觀臺殿層疊有若畫屏朝夕烟嵐極為奇勝遊覽者忘倦即寒暑無間也

天南雙闕勢崔嵬遥送清芬撲面來百折千盤紆磴道峰腰崖頂疊樓臺微雲欲起輕陰轉片月初升積翠開對嶺啓牕看變態依稀蜃氣接蓬萊

第十二景 ◎ 牛首烟峦

桃渡臨流

在秦淮口晋王獻之愛妾名桃葉其妹曰桃根獻之臨此作詩歌以送之曰桃葉復桃葉渡江不用楫但渡無所苦我自迎接汝後人因以名渡昔王徽之邀桓伊據胡牀吹笛各不通姓名而去又名邀笛步迄今遊舫鱗集想見風流

遥憶江頭用楫人桃花春水滿通津笛聲不隔烟波濶燈影相連画舫新夾岸朱欄歡永夜中流白月淨纖塵徵歌不問根兼葉應勝思王賦洛神

第十三景 ◎ 桃渡临流

杏村問酒

在江寧縣治西下浮上浮兩橋之内逼近城隅與鳳凰臺相接舊有古杏林立春多遊人老圃厭其蹂踐攀折伐而爲薪僅存十一于千百牧童無復指村店者近歲芳園碁布盛以衰成舊跡不至終泯耳

何羡嘶驄醉玉樓窓催鶯語杖扶鳩出牆紅艷招村店照水嬌姿助冶遊莫遣春風吹細雨但邀新月上高丘青蚨買得黃壚睡童豎扶携下壠頭

第十四景 ◎ 杏村问酒

謝墩清興

在府治西五里乾河崖上永慶寺前李太白將營園其間有詩在集中其丘阜寬敞冶城清涼諸山四面環繞居民灌園植蔬近乃多種松于高岡上每春秋晴爽時遊人畢集中夜忘返不隔嚴城得縱觀覽稱最便云

一丘平衍四山圍落落松陰綠草肥絲竹未須攜伎往樽罍猶自惜花飛荒園藥品分畦種野寺鐘聲度嶺微爲戀斜陽謀盡醉踏歌新月送將歸

第十五景 ◎ 谢墩清兴

雨花閒眺

在府南三里聚寶門外據岡阜最高處梁武帝時有雲光法師講經于此感天雨賜花天厨獻食故以名其臺臺上淺草如茵無一雜樹登其巔則江光日彩與四眺林巒烟火交相映帶遊人車騎駢集終歲殆無虛日

座上高僧演鹿車繽紛天女散曇雲華山含寶氣無喬木地擅靈區逞彩霞一片江光懸樹近萬家烟火繞成斜青樽未盡酧遊目遥見前林集暮鴉

第十八景 ◎ 雨花闲眺

憑虛聽雨

在雞籠山最高處倚崖結構虛敞無少障蔽凭欄滿望遠樹接聯閭閻羅布山雨一來淋浪驟響恍然雲霄之上也右臂山岡綿亘十廟各據一壟相傳晉有四帝陵列在雞籠山之麓想即其處

三農望切沛甘霖日障濃雲萬頃陰高閣倚欄來雨氣稿苗生潤見天心空巖新水懸飛瀑曲澗驚湍奏素琴一夜風雷危坐聽曉看霽景濯青林

第十九景 ◎ 凭虚听雨

天壇勒騎

在正陽門外三里定鼎時郊天之所繚垣之外馳道坦夷晁堪驅騁壇傍神樂觀喬松古柏秀色撲人眉睫葢不遠城市別啓仙都者矣與祖陵神烈山相聯絡居人種梅甚多每花時車馬雜沓即雨雪亦不爲之阻

天衢直達帝城東輦路逶迤向法宮自可據鞍馳軟草還同按轡玩芳叢鬣分絲柳搓新綠蹄帶餘香踏落紅醉似乘船歸較晚垂鞭那用馭追風

第二十景 ◎ 天坛勒骑

長干春遊

在城南聚寶門外江東人謂山隴之間曰干一出城闉山岡綿衍往安德鳳臺二門徑道迴環寺宇錯置其間平地民庶雜居故相傳有大長干小長干之名今春日遊觀駢聚每至漏下尚自啓鑰以待歸人

星羅蕭寺自南朝衢路交通被麓樵霽日樓臺宜嘯詠春風花柳助招邀駢闐仕女紛車馬雜遝笙歌接暮朝不用尋仙蓬閬遠喧中取寂任逍遙

第二十一景 ◎ 长干春游

虎洞幽尋

在府東南四十里出高橋門外行田野間延袤而入因離城僻遠游蹤罕至樵坰牧墅大有古朴風洞不甚窔奥而羣山篸戟環立雲光吞吐頃刻異狀儘可延竚近洞有宮氏泉相傳為漢時故物洞外有菴竹樹參欝可憇

蒙茸草樹洞雲層嘯虎何年蹲更騰勢據負嵎威自逞會逢探穴巧堪乘深林每畏雄風振列巘還從兀足登欲覓宮泉供渴飲溪橋轉處未逢僧

第三十二景 ◎ 虎洞幽寻

星岡飲興

在府西北九里一名落星壩又名落星石梁王僧辯連營立栅以拒侯景于此地李太白嘗遊焉以紫綺裘換酒村舍又城西三十里西南五十里有山皆名落星想皆以星殞其處乃岡之形勢爲最近且勝云

平岡淺草淨無塵招颭青帘野店春蘚石離離垂碧漢花枝嬝嬝媚滄津尋芳競勸提壺鳥秉興難醒獨往人想是酒星從此落千秋常照綺裘新

第三十三景 ◎ 星冈饮兴

莫愁曠覽

在三山門外之右偏去城甚近昔有妓盧莫愁家此故以名湖據湖濱一望則鍾阜石城橫亘于前迤與江外諸峯相映帶山色湖光蕩漾几席間最為空曠平遠中山王孫置樓近水搆亭湖心屢勤脩葺游者忘倦

漫將西子比西湖盧女聲稱擅帝都勝境因人傳往事澄波生色寫山圖虛亭傑閣堪舒抱白月青罇可共娛聽取莫愁愁盡遣直須漁艇隱菰蒲

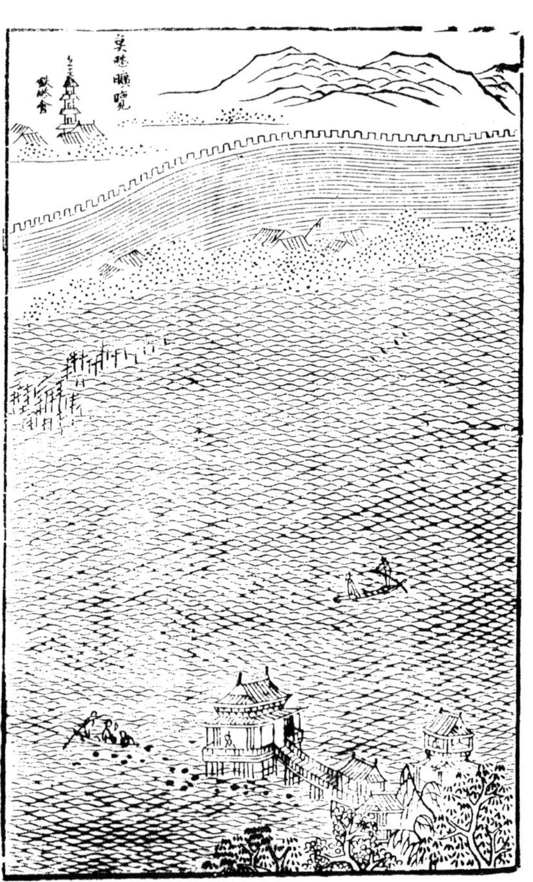

第三十四景 ◎ 莫愁旷览

報恩燈塔

在聚寶門外吳赤烏間有康居國異僧來長干里結茅行道能致如來舍利孫權爲建塔奉焉寺名建初實江南塔寺之始梁名長干寺宋改天禧至永樂時鼎新恢拓之賜以今名其塔最高金碧琉璃燈光炫燿中夜燭天極稱壯觀

阿育威光遍九垓浮圖惟此獨崔嵬千燈接焰明京國七級凌空傍斗台耀日法輪宏聖代含靈舍利錫如來中宵映徹中天月好共瞻依瑞相開

第三十五景 ◎ 报恩灯塔

天界經魚

寺本晉建元文宗改名龍翔在會同橋北洪武中徙建聚寶門外額題善世法門與碧峯能仁兩寺鼎列內有三十六庵延致海內高僧各主一庵地既廣濶深邃僧律精嚴禪誦之聲交發互應迄今無改于舊云

選勝弘施布地金高僧雲集啓叢林香花繚繞莊嚴接竹樹縈紆院宇深貝梵同傳空色界鯨魚齊振海潮音借將半榻眠雲穩靈鷲何須費遠尋

第三十六景 ◎ 天界经鱼

祖堂佛跡

在牛首山之西本懶融禪師脩道之所唐貞觀中傳四祖法建寺爲一代祖師故山與寺皆名祖堂常居于石室中其座石隱隱有佛字方三尺餘山僻寺荒游人至者凛不可畱然幽寂實遠過于牛首之弘覺云

山徑深尋綠雨稠神僧禪窟事眞脩猶傳靈跡通頑石爲掃塵緣退急流馴鴿棲簷臺殿古白牛眠草嶺泉幽游踪偶到機堪息欲學無生法可求

第三十七景 ◎ 祖堂佛迹

花巖星槎

在牛首山之東南懶融禪定巖間雪中開二奇花且有百鳥獻花之異故以名巖巖外有留雲亭芙蓉閣及大觀堂息息所皆依壁結搆登頓爲勞惟坐小星槎回眄牛首塔殿林巒宛如圖畫空濶處平疇高原陰晴皆可縱目

花鍾淋秀鳥含靈默鼓天機不暫停各照禪心資幻
化同依定境顯儀形巖巒生色浮嵐靄亭閣標奇耀
紫青高覽山牕醒客夢好從法忍問胥庭

第三十八景 ◎ 花岩星槎

冶麓幽棲

在府治西二里本吳王鑄劍之地故名冶城晉謝安與王羲之同訪冶城悠然遐想有超世之志卞忠貞墓在其右麓今建朝天宮道院緣山之高下最稱盛覽每月明風靜笙鶴之聲達于九衢云

鑄成龍劍啓仙都日奏雲璈御六銖雉堞消磨芸瑞草瑤壇幽寐煖丹鑪韜光劃彩遊塵界抱一含元湛玉壺東麓飛霞通帝座倘分沆瀣滌凡夫

第三十九景 ◎ 冶麓幽栖

長橋艷賞

在府治東南二里武定文德二橋之間國初置伎館以娛商旅橋踞城隅鷲峯寺側積水之上勝時游樂歡宴達旦不休今歌臺舞榭強半鞠爲茂草而橋則屢經脩治漸就狹小惟故跡猶傳足徵佳麗之一端云尔

宴遊端屬五陵豪選妓徵歌肯憚勞佳麗况逢名勝地妖嬈更許列仙曹紅橋翠柳風初暖玉管金樽月正高樂事偏饒徵盛世花香深處醉葡萄

第四十景 ◎ 长桥艳赏

金陵四十景詩紀

陪京諸署惟奉常最閒積三日一視事或竟無片晷可以命管與羣僚坐少時散歸楗門戢影而已心在齋肅既不敢飲醉如泥老眼昏花又不能蠹魚萬卷賴一族子相隨官舍中時或與之手談或聽其口誦遣此寂寥行及一載已而家仲赴任北雍官寒子幼勢必不能携家余不忍其獨行踽踽復令族子從焉於時隻身荒署顧影無儔會同年友少宰蘭嵎朱公示余金陵四十景詩每景皆先述其勝槩而以詩系之余為諷咏擊節依韻和吟不覺至盡夫品題風月咀嚼宮商自是木天本業豈俗吏所宜效顰顧余生平山水之興亦復不淺今者小草石城四十景如几案間物而目之所寓足之所履十且不能二三一官羈身肺腑都俗姑就少宰公筆端所描畫而亦步亦趨斯陶斯咏聊托興於宗生之卧遊非希彀於郢人之雪調也因念糜費俸錢無所事事乃徒寄閒心於下里之音素餐之譏予將何以自解適有為余付之梓人者余遂不能自藏其拙而姑述所以覓句之由

如此時天啓癸亥陽月之望後一日也

雲間完三杜士全漫筆　金陵朱之蕃書梓

鍾阜晴雲

一龍蟠據飲江流有滃雲蒸鬱未收借日光華常爛熳隨風舒卷自春秋鼎湖勢與三山壯靈鷲晴看五色浮應是驪頷噓淑氣尋常氤氲繞皇州

石城霽雪

江城雪色曉逾新晶晶寒光入望勻二水波平洲盡鷺六朝松老玉為鱗橋邊策蹇俄成咏陌上飛鞚総絕塵御氣欲熏晴日麗瑤林在在恍疑真

天印樵歌

鑿成方幅掩芙蓉如砥斯平見一峯曲磴逶迤通絕嶺丹崖崒嵂儼崇墉攀蘿捫葛尋蕭寺牧笛樵歌韻午鐘丹井尚留仙子去寒泉清泚識遺蹤

秦淮漁唱

王氣沖霄鑿後存為誰設險塹維垣迴波暗咽春時雨邀笛爭開晉代樽風送漁舟藏客柳月移欸乃到前村　皇都春靄桃源在釣叟烏知有市喧

白鷺春潮

江漲雲蒸莽自連洲横芳草柳披綿春天已覺風光媚勝地還須景色偏鷗鷺羣飛天際落帆檣接迹浪中還孫亭遺址今何在我欲憑虚問謫仙

烏衣晚照

葳蕤蘭玉總琳琅王謝門風播遠芳却怪長淮曾竭澤獨留深巷駐斜陽橋邊野草尋常緑燕啄新泥剩有香晋代衣冠何處問空山塚土一坏黄

鳳臺秋月

三鳳聯翩此暫遊荒臺满眼秣陵秋珠林月朗浮雲散彩筆詩成卦雪留無復園亭誇竹墅獨看樓閣尚星稠徘徊不禁傷搖落痛飲黄花醉未休

龍江夜雨

老龍驅雨黙徹江來入夜渾迷江上臺點落空堦醒短夢聲沉曉漏欲停催當關宿客增愁思起舞靈妃不染埃俄爾春潮生海外長風嗚吼又驚雷

弘濟江流

千尋峭壁遡岷峨萬里江流遶殿過僧舍嵌岩巢亦

練山間紫氣湧層霞誰從琪樹知僧臘強半春風度
狹斜回望茂林脩竹處夕陽影裏落飛鴉

憑虛聽雨

閣中搔首望商霖檻外風雷乍結陰物色總無枯稿
意禪床豈有未安心雲深潑墨觀如畫水落懸崖聽
似琴夜半雞鳴天欲曙起看濃綠滿前林

天壇勒騎

馳道弘開象闕東長林深護玉虛宮翠華久息空壇
跡雕輦曾迴細草叢新柳自隨春水綠卿雲常帶晚
霞紅天衢不是人間世緩着歸鞭度晚風

長干春遊

蘭若參差半六朝縱橫岐徑走山椒花殿柳碧都堪
賞玉宇珠宮每見邀爭炫新衣紈共綺驕嘶寶馬夜
還朝闤闠縱有葳蕤鑰不覺尋春去路遥

燕磯曉望

峭壁衝濤半入江江濤却避隱船艘緣崖怪石看無
數帶郭青山定少雙鶯慣巢防畢弋魚龍見影吸
幡幢憑虛一眺蒼烟迴險絶高深殿此邦

幕府仙臺

馬化為龍自壯圖新亭慷慨息嗟吁宏開幕府紆長策坐鎮仙臺矢厥謨半壁神州歸統御偏安江左軒馳驅空山草木餘兵象恨殺清談幾腐儒

達摩靈洞

神僧慧眼發天明欲識興亡只聽聲佛法自隨雙履去禪機聊向一枝横峯頭蘿薜層層合洞口雲霞冉冉生小憩石牀休倦足却疑舍衛國為城

靈谷深松

上方臺殿鎖深松幽逕能潛野鹿蹤石罅自流功德水僧鳴始識景陽鐘空堦絃調彈仙樂古木枯鱗半老龍往事悠悠殘照裏江皐千古見羣峰

清涼環翠

矯舄凌空聳翠微羣峯羅列儼重圍吟風臺榭消煩鬱印月蒲團冷夕暉竹嶼暗藏飛鳥道僧家供具非山薇市廛不遠紅塵隔一任雲中錫杖飛

宿巖靈石

大江春漲湧層巖平陸胡然見石帆曾有舟師擐甲

胄至今兵氣凜松杉桑田已作祇園址峭壁還將絲
事鑱陟巘更窮千里目海門夕照晚將銜

東山碁墅

郊原卜築豈無稽夢入山陰思欲迷地選一丘千嶂
繞風來衆壑八音齊直將碁局為真隱豈復壺觴待
勸提千載風流荒墅在月明今有鷓鴣啼

嘉善石壁

迴環僻徑轉清幽巨斧何年劈古丘一線天開容客
到千盤磴險倦人遊虹飛雲際光成彩風入松來韻

自飀徙倚孤亭凝望久不妨徐待月當頭

祈澤龍池

登壇竪義麈摩淨功在流泉永不磨一自潛龍聽妙
法遂令神水汪卷阿春生禾黍甘霖似望慰閭閻喜
氣多見說生公能點石何如大地沛恩波

青溪遊舫

九轉青谿地脉分先朝甲第總如雲笙歌隱隱春聲
細簾幕垂垂日影曛宿水煙雲飛靄儘夾城花萼吐
氤氳蘭橈曉夜鳴榔過習慣沙邊鷗鷺羣

虎洞幽尋

樵牧紛紛見碧層何然虎穴古來稱潛踪豈復經深涉降伏還疑有一乘不必詢謀尋舘暨恁他長嘯隱孫登一泓春水千年綠往事須還問老僧

星岡飲興

抱郭橫岡遠市塵黃公壚上冶城春星精散落餘卷石濤浪高翻逼漢津沉醉百篇終玩世獨醒千載見何人自來文酒相無客盡典衣裘發興新

莫愁曠覽

三山門外莫愁湖湖水汪洋繞舊都想像當年傾國色分明挂幅浣紗圖波心月照晴堪賞樓外烟光雨亦娛携酒名園懽未足扁舟還擬泛菰蒲

報恩燈塔

鴈塔長明照遠垓纍層九轉合尖嵬乍看火樹凌霄漢忽訝繁星散碧台震旦傳燈寧待日如來舍利忽飛來迷途自此成眞覺總賴皇慈大願開

天界經魚

選佛從來似揀金披緇捧鉢遍闍林山開覺路諸天

近雲護禪棲萬頃深翠竹蒼松隨意綠晨鐘夜梵遠飛音閒来僧律知何似满院清幽日可尋

祖堂佛跡

遥僻山深古木稠嬾公於此寓精脩獨覩牛嶺當空月自悟江心鏡注流石室坐深奇字見法堂開就一峯幽錫飛到此何年事願學無生可待求

花巖星槎

洞天福地有神靈孰遣銜花衆鳥停定後禪心神變化坐来品物幻流形欹空亭榭棲雲白絶壁莓苔帶雨青自是星槎難可到便堪止此熟黄庭

冶麓幽棲

五嶽何然在 帝都紅塵飛不到衣銖吹笙夜冷緱山月煮石春融鑄劍鑪何必虚空遊碧落卽常清淨是氷壺當年王謝存遐想勇退懸知屬丈夫

長橋艷賞

翩翩裘馬若爲豪清夜遨遊樂此勞百尺虹橋邀促坐幾行玉貌各分曹歌狂不放雲飛去漏滴猶憐月正高爲有佳人兼好景便傾琥珀與葡萄

金陵四十景图

（清）高岑 编绘

天印山
在城南四十里高百十六丈周回二十
七里四面方如城故又名方山秦始
皇鑿金陵此方山是其斷者東
南有水下注長塘流溉平陸入山
至定林寺亦極幽閒其山最高
處不生雜樹惟蔓草遍布如茵
上有石龍池下有葛仙翁井

第五景 ◎ 天印山

獅子山
在府治西二十
里高三十六丈
周回五里形如
獅子以是得
名稍南有紫
竹林禅院額
恩和尚至金
陵始建郡伯
陳開英脩造
一閣一亭登
眺始曠爰勒
死於石
紫竹林

第六景 ◎ 狮子山

鳳皇臺
在府治西南一里杏花村
中宋元嘉時鳳皇集於
此山築臺山椒以表瑞舊
有保寧寺唐李白南唐
家彝兵俱有詩向為貴
家園圃今皆比廢昔就其
廢舍葺為鳳遊寺其臺
屬寺中有焦竑碑朱之
蕃書

第七景 ◎ 凤凰台

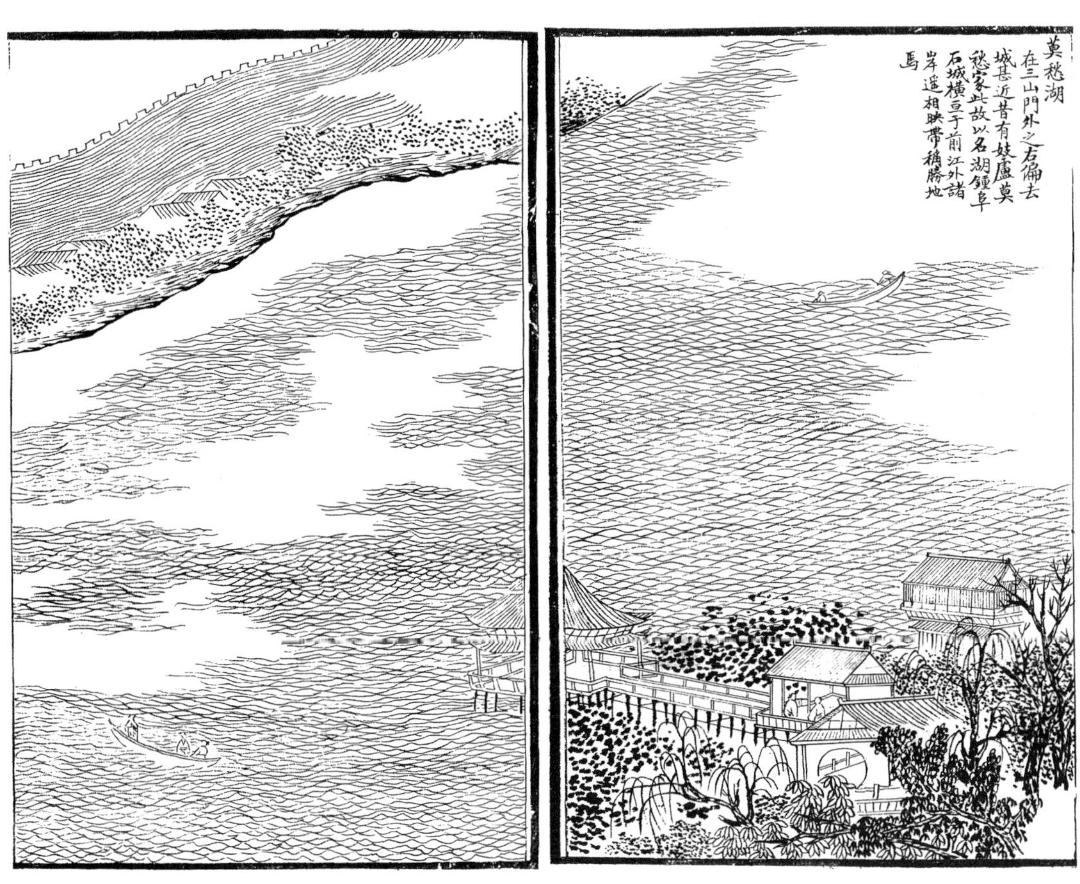

第八景 ◎ 莫愁湖

赤石機
在南門外東二
里枕濠西鄙本
與周處臺為一
揚吳時築城鑿
濠中斷為二陂
陀高下茆屋參
差彷舫漁舟多
集于此榴花數
百株每當夏日
丹綠掩映遊人
蟻集流水輕颸
最為勝賞云

第九景 ◎ 赤石矶

謝公墩
在府治西五里乾河崖上永
慶寺前李太白將營園
其間有詩在集中其立
阜寬敞冶城清涼諸山
四面環繞居民灌園植
蔬近乃多種松于高岡
上每春秋晴爽時遊人
畢集中夜忘返

第十景 ◎ 谢公墩

洛星岡
在府西北九里
一名落星墩久
名落星石梁王
僧辯連營立栅
以拒侯景于此
李太白以紫綺
裘換酒村舍亦
此地又城西二十里
西南五十里有山
皆名落星而斯
地為最近且勝
云

第十一景 ◎ 落星岗

第十二景 ◎ 鸡笼山

金陵四十景图

栖霞寺
在府城東北五十里
多藥艸可以攝
生故名攝山重
嶺孤峙形如繖
蓋故人名繖山
南史明僧紹居
此捨宅為寺有
千佛嶺天開岩
俯臨大江雲光
映帶以栖霞名
寺匪虛耳

第十三景 ◎ 栖霞寺

雨花臺
在府南三里聚寶門外據岡阜最
高處梁武帝時雲光法師講經
于此感天雨花故以名其臺、上
淺草如茵無一雜樹登其巔則江
光日彩與林峦交相映帶游人
車騎終歲駢集殆無虛日

第十四景 ◎ 雨花台

憑虚閣
在鷄籠山最
高處倚崖結
搆虚敞無火
障蔽凭欄滿
望遠樹接聯
閭閻羅布山
雨一来淋浪
驟響恍然雲
霄之上也右
臂山岡綿亘
十廟各據一
壟相傳晋有
四帝陵列在
鷄籠山之麓
想即其處

第十五景 ◎ 凭虚阁

燕子磯
在城北觀音門外
乃幕府諸山盡脉
處石色蒼潤形
勢岭岈直探江
中波濤衝激三
面盡見上建關
聖祠磴道盤折
而上有俯江亭
可以憩飲其左
渡港穿峽即水
濟寺通龍江關
陸路濱江東舟
遊衍無間也橫
江鎖鑰尚維此
址

第十六景 ◎ **燕子矶**

長干里
在城南聚寶門外江東
人謂山隴之間曰干一
出城閒山岡綿衍往
安德鳳臺二門徑道
迴環寺宇錯置其間
平地民庶雜居故相
傳有大長干小長干
之稱今春日遊觀駢聚
最為繁盛
長干里

第十七景 ◎ **长干里**

達摩洞
在幕府山之側瞰江有岩洞羊腸曲徑沙石
灘出梁武時達摩西来後欲北渡偃息于此
南下有寺僧舍一石榻傳為孫權時故物
洞西北有夾蘿峯云即達摩渡處

第十八景 ◎ **达摩洞**

三宿岩
在府治北二十里靜海
寺内基本江沙漲
溢之處日為江濤所
衝嚙俱出嵌空玲瓏
宋虞允文破金軍于
釆石回舟泊石邊故
名三宿岩其題名尚
存

第十九景 ◎ 三宿岩

清凉寺
在石頭城內南唐名石
城清凉寺山頂有翠
微亭亦南唐時建又
有暑風亭乃李後主
避暑殿之故址門內
胭脂井尚存登頂眺
城南北諸山如在眉
睫

第二十景 ◎ 清凉寺

獻花岩
在牛首之東南懶
融禪定　聞雪中
開一奇花且有百
鳥獻花之異故
以名岩岩外有留
雲亭芙蓉閣及
大觀堂息心所
皆依壁結搆登
頓爲勞憊小星
搓回眺牛首塔殿
林巒宛如圖畫

第二十七景 ◎ **献花岩**

青溪
吳闓東渠名曰青溪其派九曲通湖瀟以
濬後湖水發源鍾山接于秦淮由南而西
經武定鎮淮諸橋夾岸垂楊亭館最盛
夏秋之交吳船載酒笙歌達旦六朝風
流依然未改

第二十八景 ◎ 青溪

第二十九景 ◎ **幽栖寺**

東山
在府東南三十里名士山晋謝
安築之以擬會稽之東山與從
子元圖碁至夜始還山側翼
臺〻古木崇岩登覽曠潤亦
郊坰之勝地也

第三十景 ◎ **东山**

靈谷寺
在鍾山東南晉建梁寶誌葬獨
龍阜即此處有八功德水琵琶
街鼓掌則聲若彈絲山徑萬
松森立麞鹿游息其間彷若
畫圖

第三十三景 ◎ 灵谷寺

祈澤池
在府治東南三十五里山高五十丈周四
十里為劉宋特初法師結庵于此山講
法華經龍女聽法師曰可為闢一泉乎
後數日清泉湧于庵南後人以祈禱多
應

第三十四景 ◎ 祈泽池

虎洞
在府東南四十里出高橋門
田野間延袤而入洞不甚突
兀而羣山環立雲光吞吐近
洞有宮氏衆相傳為漢時
物洞外有脩竹樹叅差可
想

第三十五景 ◎ **虎洞**

第三十六景 ◎ 永济寺

金陵高岑蔚生以画名海内郡志成太守陳公屬蔚生圖其勝蹟蔚生抽筆得七十餘幅刊列志首金陵山水舊傳八景十景四十景畫家皆有圖繪見之絹素已多第未刻從棗梨間覓生活今得蔚生筆崢嶸蕭瑟工皴染既不能及荆關不傳之秘往往於鏤劃之餘天真畢見金陵山水不大為吐氣乎顧蔚生本從山水為模索意有所會胸中為之浩浩落落固不向荆關乞靈又豈斤斤於一樹一石已哉其振筆潑墨高出前代有以也予以蔚生老畫師一紙半幅為時人爭賚其必傳於後無疑而以此圖自託使後世知龍江鍾阜雲林烟水中有虬髯高士在焉固將與紀載之編並聲施於不朽矣蔚生兄康生名阜年二十許無知之者天墉子望金陵見其制舉業目為奇人今猶傲岸諸生間不俛仰

第三十六景 ◎ **永济寺**

嘉善寺
在府治東神策門
外三里入寺徑道
甚幽殿後巨石壁
上折裂處
光徑露一線石前
有觀音閣閣前一
巨石中立石有亭
由傍徑度石梁可
登真幽勝之奇地
也

第三十七景 ◎ **嘉善寺**

天界
寺舊名龍翔在會同橋北洪武
中徙建聚寶門外額題善世
法門與碧峯能仁二寺鼎峙中
有三十六庵地既廣凋深深僧
律精嚴禪誦之聲交發互應
迄今不改于舊云

第三十八景 ◎ 天界

秦淮
在上元縣治東南三里秦
始皇東巡會稽經秣陵
以鑿鍾山斷長壠以疏
淮本名龍藏浦上有二
源一自句容溧水來合
方山東西注大江因秦所
鑿故名秦淮今與青溪
合流自西水關出于江

第三十九景 ◎ 秦淮

報恩塔
在聚寶門外吳
赤烏間有康居
國異僧来長干
里結茅行道能
致如来舍利孫
權爲建塔奉焉
寺名建初寔江
南塔寺之始晉名
長干寺宋改天禧
寺明永樂時昂
新恬招之易以今
名其塔最高金
碧琉璃塔光炫
燈中有燭天極
稱壯觀
上元後學
岑畫

第四十景 ◎ 报恩塔

金陵高岑蔚生以画名海内郡志成太守陳公屬蔚生圖其勝蹟蔚生抽筆得七十餘幅刊列志首金陵山水舊傳八景十景四十景画家皆有圖繪見之絹素已多笨本刻從棗梨間見生活今得蔚生筆峥嵘蕭瑟皴染皆不能及荊關不傳之秘往往於鏤劃之餘天真畢見金陵山水不大為吐氣乎顧蔚生本從山水為模索意有既會胸中為之浩浩落落固不向荊關乞靈又豈斤斤於一樹一石已哉其振筆潑墨高出前代有以也予以蔚生老畫師一紙半幅為時人爭賞其必傳於後無疑而以此圖自託使後世知龍江鍾阜雲林烟水中有虬髯高士在焉固將與紀載之編並聲施於不朽矣蔚生兄康生名阜年二十許無知之者天墉子至金陵見其制舉業目為奇人今猶傲岸諸生间不俛仰

隨俗競逐榮乎以云　久自娛典蔚生
卜築青谿湄所居滿薜荔遠近聞而過
之者望其墻宇皆識為兩高子吃筆支
可以想見其高致矣因披是圖而識其
畧以補志中所未及云
康熙七年歲次戊申櫟下周亮工題於
賴古堂

金陵四十八景

(清)徐藻 编绘

鍾阜晴雲
山在府治東北漢末秣陵尉蔣子文逐盜於此吳大帝為立廟封曰蔣侯遂名蔣山自梁以前琳宫碧宇凡七十餘所後為明太祖孝陵禁地

金陵四十八景目錄

莫愁烟雨 1
祈澤池深 2
雨花説法 3
天界招提 4
憑虛遠眺 5
永濟江流 6
燕磯夕照 7
獅嶺雄觀 8
石城霽雪 9
鍾阜晴雲 10
龍江夜雨 11
牛首烟嵐 12
珍珠浪湧 13
北湖煙柳 14
東山秋月 15
虎洞明曦 16
冶城西峙 17
赤石片磯 18
清涼問佛 19
嘉善聞經 20
杏邨沽酒 21
桃渡臨流 22
青谿九曲 23
鳳凰三山 24
達摩古洞 25
甘露佳亭 26
長干故里 27
鷺洲二水 28
化龍麗地 29
来燕名堂 30
樓懷孫楚 31
臺想昭明 32
長橋選妓 33
三宿名崖 34
祖堂振錫 35
幕府登高 36
報恩寺塔 37
神樂仙都 38
雞籠雲樹 39
靈谷深松 40
秦淮漁唱 41
天印樵歌 42
山飈別館 43
謝公古墩 44
獻花清興 45
木末風高 46
棲霞勝境 47
星崗落石 48
附金陵全省地圖

莫愁烟雨
湖在三山門外
昔有妓姓盧
名莫愁家於
此遂以名湖
鍾阜石城橫
亙於前江外
諸峰遥相映
帶有亭消暑
柳岸迴風攬
勝者至無數
觀止焉

第一景 ◎ 莫愁烟雨

祈澤池深
在府治東南三
十五里山高五十
丈周四十里宋時
法師結庵於此
誦法華經龍女
聽講法師曰可
開一泉乎後數
日清泉湧於庵
南後人以祈禱
多應焉

第二景 ◎ 祈泽池深

雨花說法
在聚寶門外據崗
阜最高處梁武帝
時有雲光法師講
經於此感天雨花故
以名臺〻上淺草如
茵無一雜樹中有永
寧泉清洌可飲春
秋佳日遊人如布

第三景 ◎ **雨花说法**

天界招提
在聚寶門外與碧峰
能仁二寺鼎列元朝為
龍翔寺明初改名天界
中有二十六庵地既廣
濶深邃僧亦戒律精
凡參不二法门者當首
屈一指焉

第四景 ◎ 天界招提

憑虛遠眺
在雞籠山倚崖結
屋虛敞無少障蔽
山雨一來琳瑯驟響
恍然雲霄之上明洪
武時建有施食臺
望湖亭山之崗綿亘
十畝各據一勝相傳
晋有四帝陵寢在山
之麓殆即是處

第五景 ◎ **凭虚远眺**

第六景 ◎ 永济江流

第十三景 ◎ 珍珠浪涌

北湖烟柳
在太平门外一
名元武湖宋
元嘉末有黑
龍見於後湖
齊武帝時又
號昆明池周
圍四十里中有
五洲植楊柳芰
荷之屬春秋
佳日月夕花
晨或棹扁
舟或扶短杖
沿隄眺望有
步步引人入勝
之妙

第十四景 ◎ **北湖烟柳**

東山秋月
在府治東南三
十里一名土山晋
謝安築之擬以
會稽之東山嘗
與仲子圍碁於
此又嘗挾妓遊
山流連終日試
一登攬遠山疊
翠喬木含烟亦
郊垌之勝概也

第十五景 ◎ **东山秋月**

虎洞
明曦
在府治東南
四十里出高
橋门外田野
洞不甚寬
奥而羣山
環立雲光
吞吐近洞
有宫氏泉
相傳漢時
已著洞
外一庵
竹樹掩
映土地
平曠
遊人
至是
憩焉

第十六景 ◎ 虎洞明曦

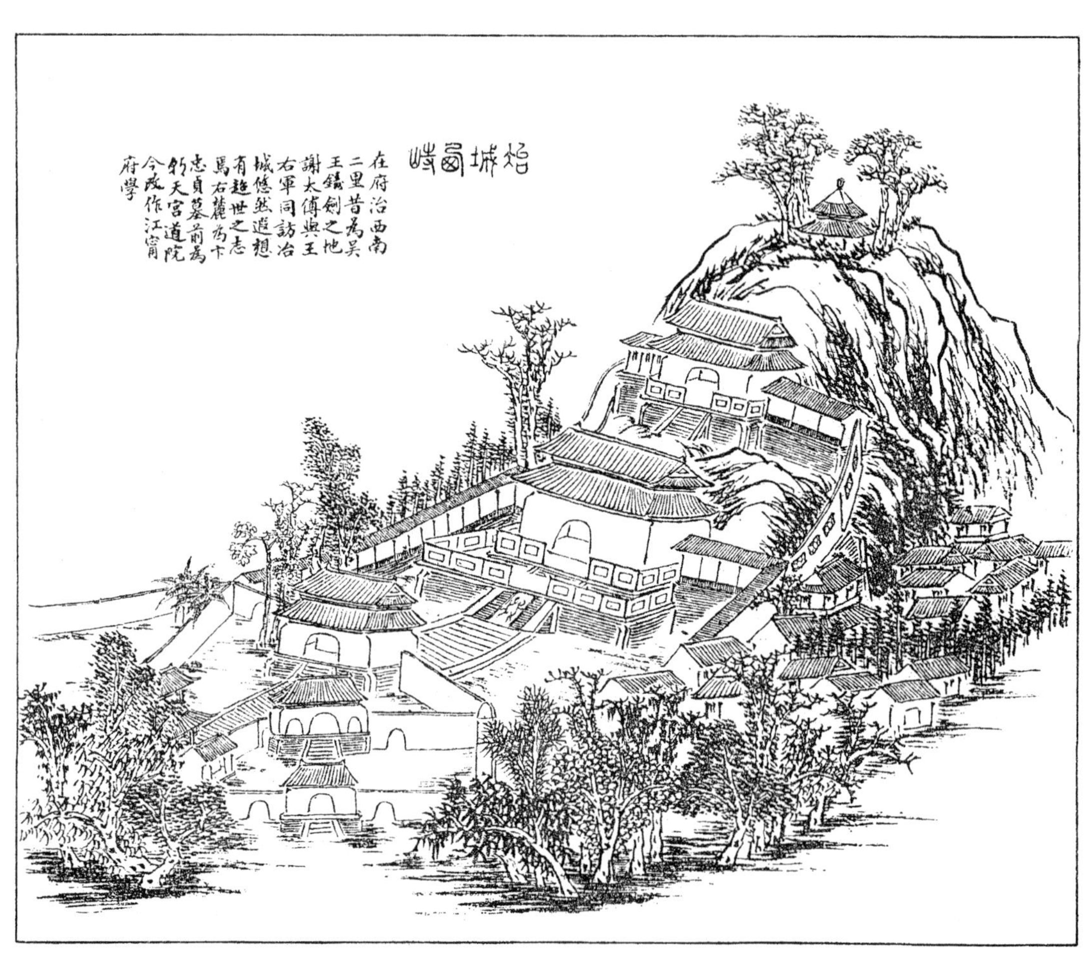

第十七景 ◎ 冶城西峙

老风景画 南京旧影

赤石片磯
在南門外東二
里枕濠面郭牽
與周處臺相連
吳時築城鑿濠
中斷為二陂陀高
下茆屋參差估
舫漁舟多集於
此榴花數百株
每當夏日丹綠
掩映遊人畢集
流水輕颸最堪
延賞

第十八景 ◎ 赤石片矶

清涼問佛
在石頭城內南
唐名石城清涼
寺山頂有翠微
亭亦南唐時建
又有暑風亭乃
李後主避暑殿
之故址门前胭
脂井至今尚存
登高眺遠南北
諸山如在眉睫

第十九景 ◎ **清凉问佛**

嘉善聞經
在府治東神策门外
三里入寺曲徑通幽殿
後巨石壁立偪仄之處
仰視天光僅露一線上
有石佛觀音諸閣之前
一巨石中立石上頂建一
亭由旁運以達石梁曲
折皆通真尋幽之奇境
也今石尚存而殿宇荒
蕪矣

第二十景 ◎ 嘉善闻经

杏村沽酒
在江寧縣治西與
鳳皇臺接壤舊
有古杏林立遊人
鱗集後漸摧折
爲薪過者惜之
惟南市芳園基
布其旁盛蹟猶
不致盡湮耳

第二十一景 ◎ **杏村沽酒**

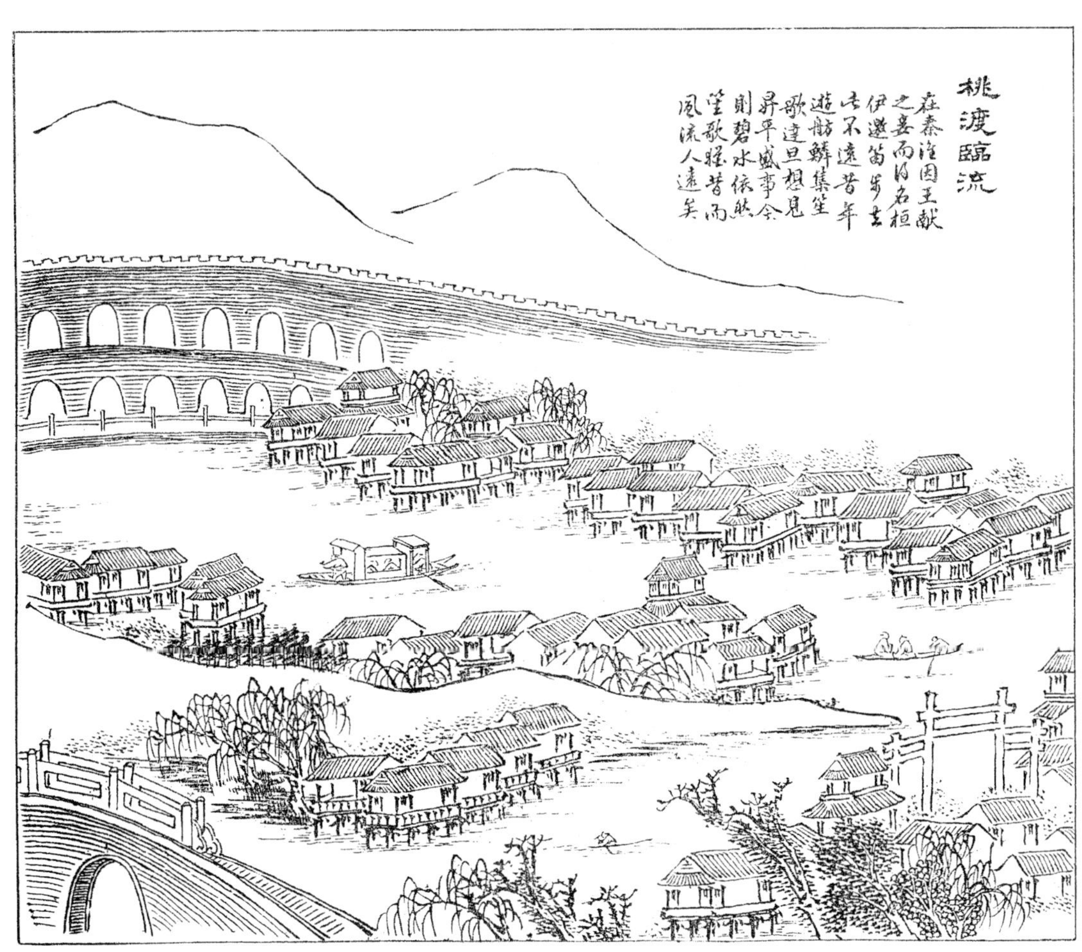
桃渡臨流
在秦淮因王獻之妾而得名桓伊邀笛步去此不遠昔年遊舫鱗集笙歌達旦想見昇平盛事今則碧水依然笙歌猶昔而風流人遠矣

第二十二景 ◎ 桃渡临流

第二十五景 ◎ **达摩古洞**

甘露佳亭
向在覆舟
山陰時因
甘露降而
建舊跡無
稽我
朝薛尉農
太史在龍
蟠里建薛
廬鼓湖心
亭舊有妙
香庵今圮
曾文正沈
文肅諸公
祠沿隄環
遶輝映一
時因補此
幀以易前景

第二十六景 ◎ 甘露佳亭

長干故里
在城南聚寶門
外江東人謂山隴
之間曰干一出城
垣山岡綿衍從
安德鳳臺二門
徑道迴環寺宇
錯置至平曠處
民庶雜居故相
傳有大長干小
長干之稱唐人
詩多詠之

第二十七景 ◎ **长干故里**

鷺洲二水
在府治西南八里周圍
四十五里即李青蓮所
稱二水中分是也控扼
上流洵為天險舊有
賞心白鷺二水三亭
今皆委於草莱惟
潮汐無改耳

第二十八景 ◎ 鹭洲二水

化龍麗地
亭在幕府山
漢時所建光
武帝追王郎
子過江有龍
戲於水面後
晉元帝渡江
見馬化為龍
前後一轍因
以化龍二字名
亭以垂千古
亭

第二十九景 ◎ **化龙丽地**

来燕名堂
在城東南烏衣巷乃王謝故居堂上扁曰來燕歲久圮廢馬光祖撤而新之今則繚以朱垣上爲太祀廟右爲神樂觀舊日烏衣歸於何處不禁感慨係之

第三十景 ◎ 来燕名堂

樓懷孫楚
樓在城西李白醉
看紫綺過崔侍御
於此樓之側繚以短
垣砌路盤紆花木參
錯濃陰夾道蒼翠
入裾王摩詰詩中有
畫〻中有詩不是過
也

第三十一景 ◎ 楼怀孙楚

臺想昭明
在湖墅鎮梁太子
讀書處中建高臺
突兀雲表庭宇閒
敞樹木蕭森而鳥
語花香風聲月色
登斯臺者有令人
徘徊而不能去

第三十二景 ◎ 台想昭明

長橋選妓
在府治東南二里文德
武定二橋之間鷲峯
寺側今東花園是其
故址積水勝時遊人
徵宴達旦今舞榭歌
臺鞠為茂艸橋亦無
存惟片水空明想見
六朝佳麗而已

第三十三景 ◎ 长桥选妓

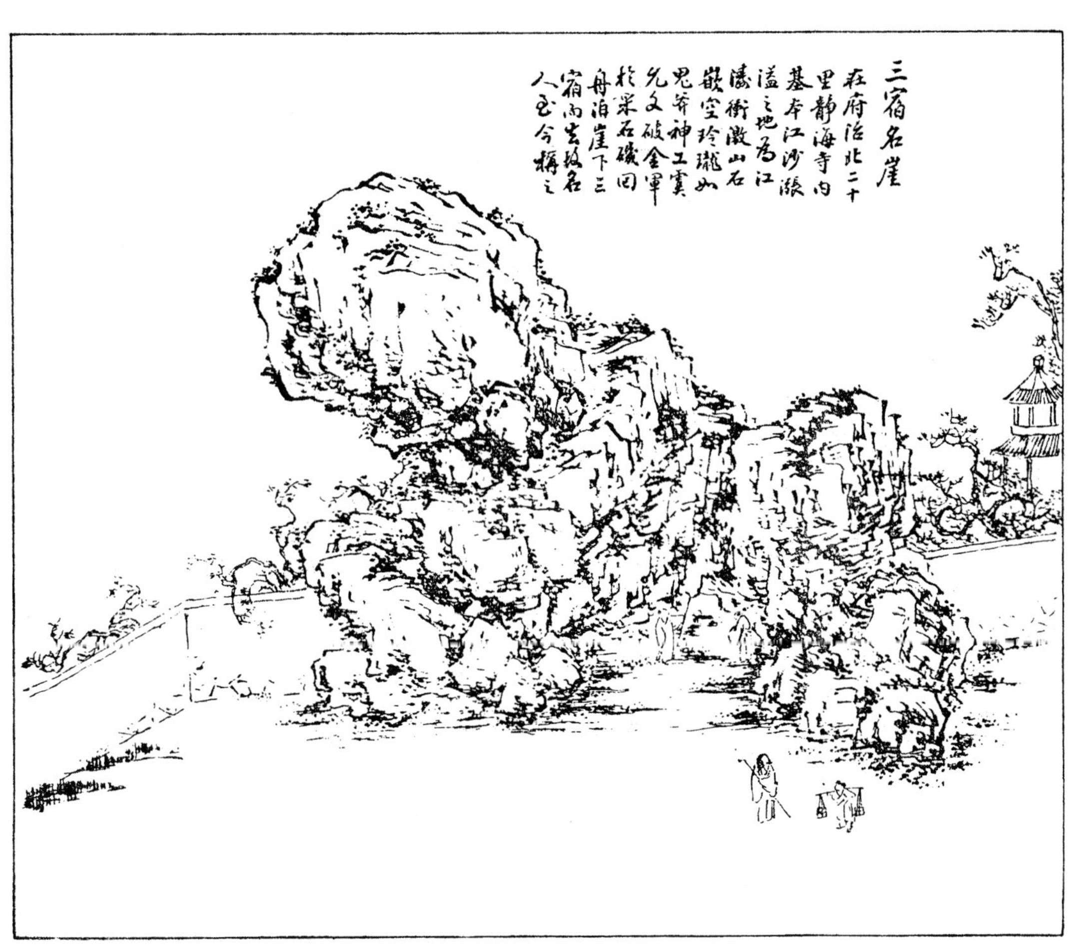
三宿名崖
在府治北二十
里靜海寺內
基本江沙漲
溢之地爲江
濤衝激山石
嵌空玲瓏如
鬼斧神工實
允文破金軍
於采石磯回
舟泊崖下三
宿而去故名
人至今稱之

第三十四景 ◎ 三宿名崖

祖堂振錫
寺在牛首山之
西懶融禪師修
道之處唐貞觀
中傳四祖法建
寺故山與寺皆
名祖堂曲徑通
幽禪房寂靜
過於牛首之弘
覺云

第三十五景 ◎ 祖堂振锡

幕府登高
在府治西北二十
里晋元帝初渡
江丞相王導建
幕於此上有仙人
台虎跑泉今稱
為石灰山李子岡
至崇化寺梅華
水地幽境僻遊
踪罕到然濱江
一帶古迹猶存也

第三十六景 ◎ 幕府登高

棲霞勝境
在姚坊門外山多產
藥可以攝生故名攝
山南史明僧紹居此舍
宅為寺有千佛嶺天
開巖諸勝俯臨大江
雲光映帶以棲霞名
之誠不虛耳

第四十七景 ◎ 栖霞胜境

星崗落石
在府治西北九里梁
王僧辯建營立柵
以拒侯景於此李白
以金貂裘換酒亦
於此處方志所在
致古者自有會心焉
金陵自六朝以來歷
為都會文獻足徵
四十八景允稱名勝
圖繪景者半以墨
摹躬運隨写不同
亦係擬之亦未能俯
拾即是尚冀海內
方家教我幸甚
庚戌季春三月
上元薛洲徐藻
畫并識

第四十八景 ◎ 星岗落石

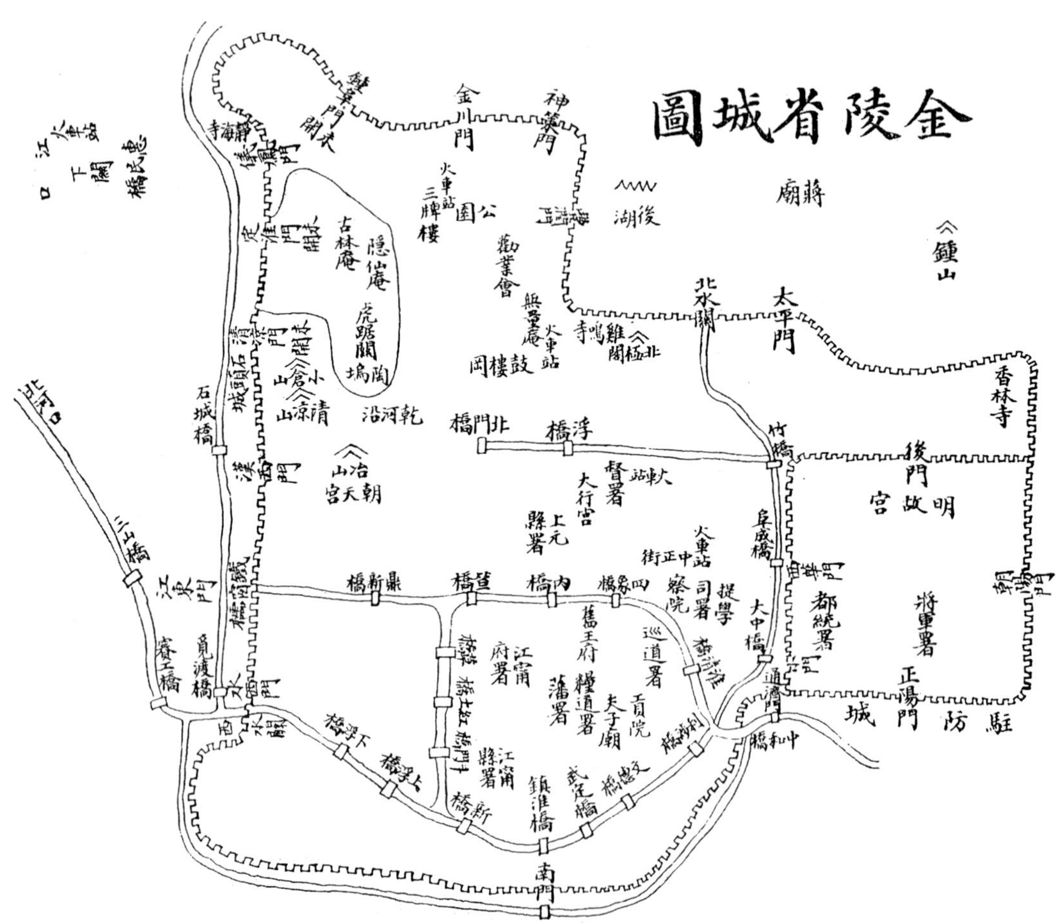
金陵省城圖
鍾山
明故宮
駐防城
南門

金陵四十八景全图

（民国）徐寿卿 编
韵生 绘

憑虛遠眺
韻生绘

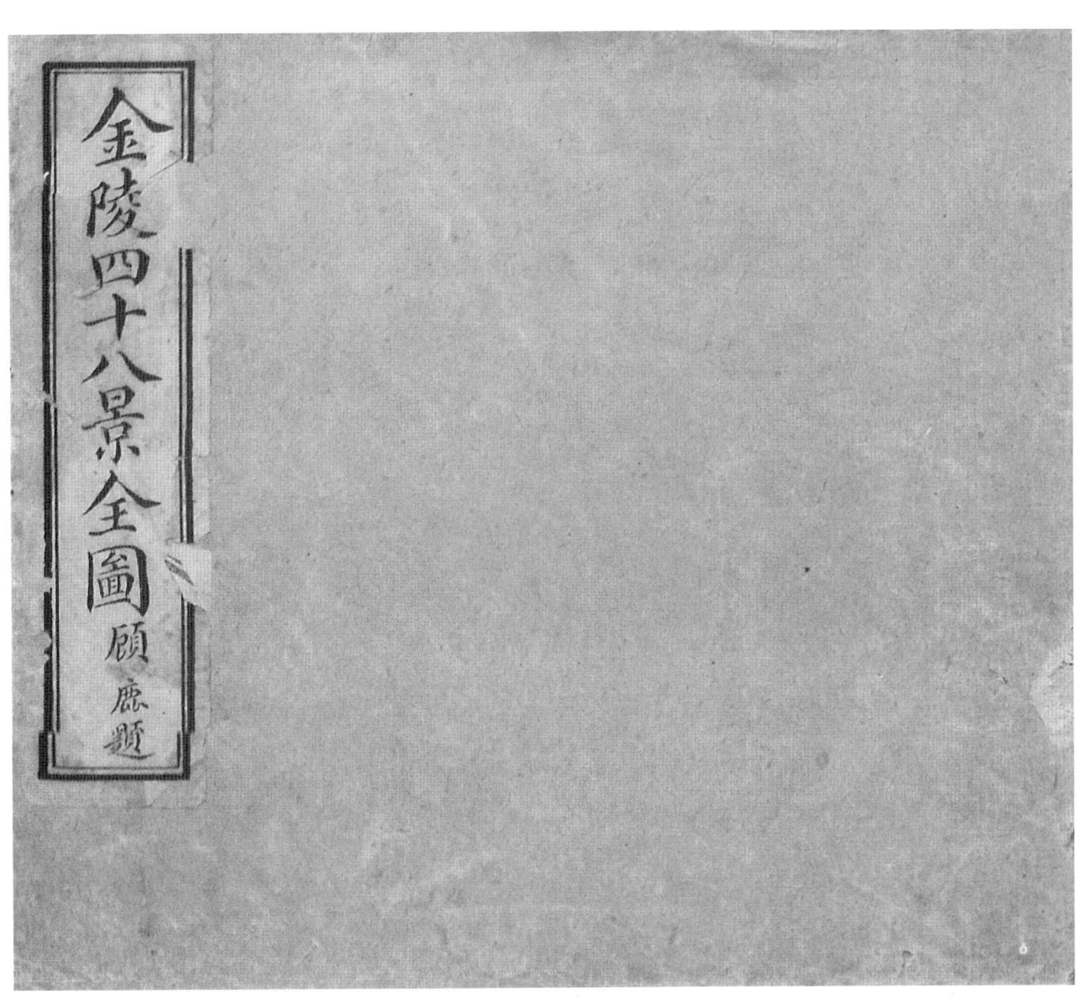
金陵四十八景全圖
顧鹿題

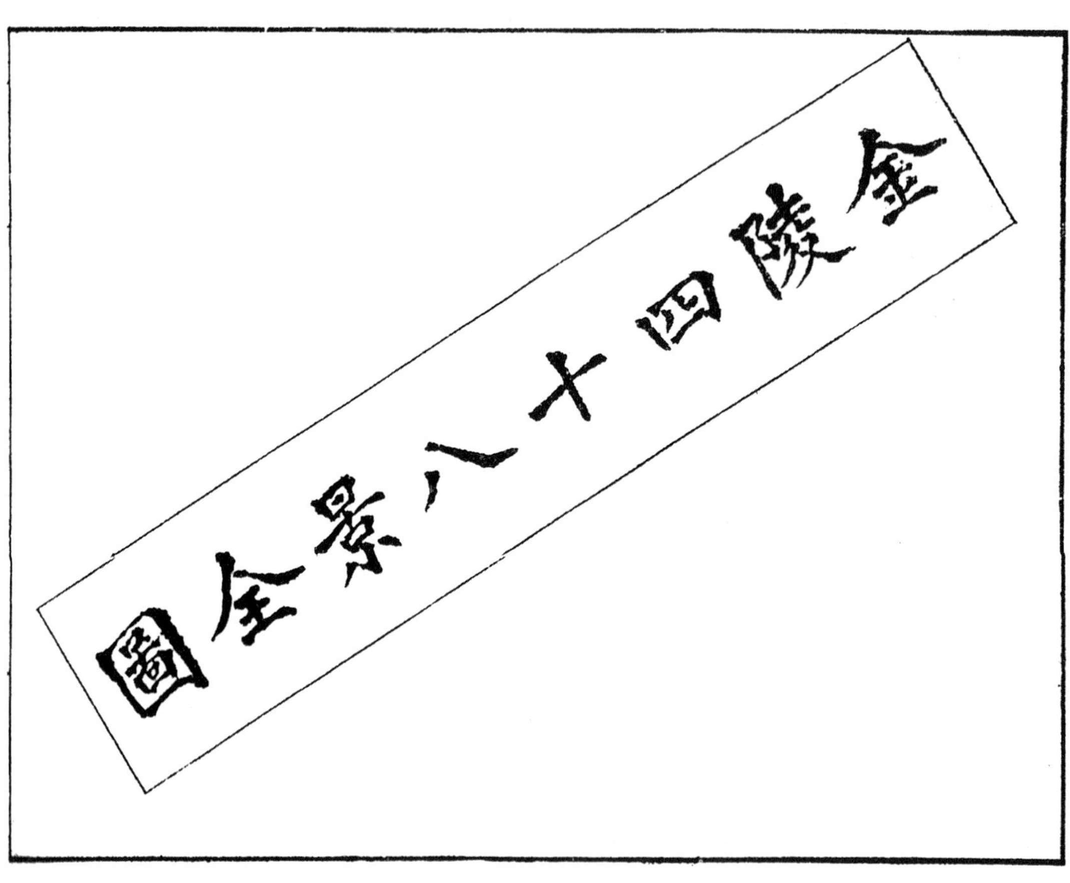
金陵四十八景全圖

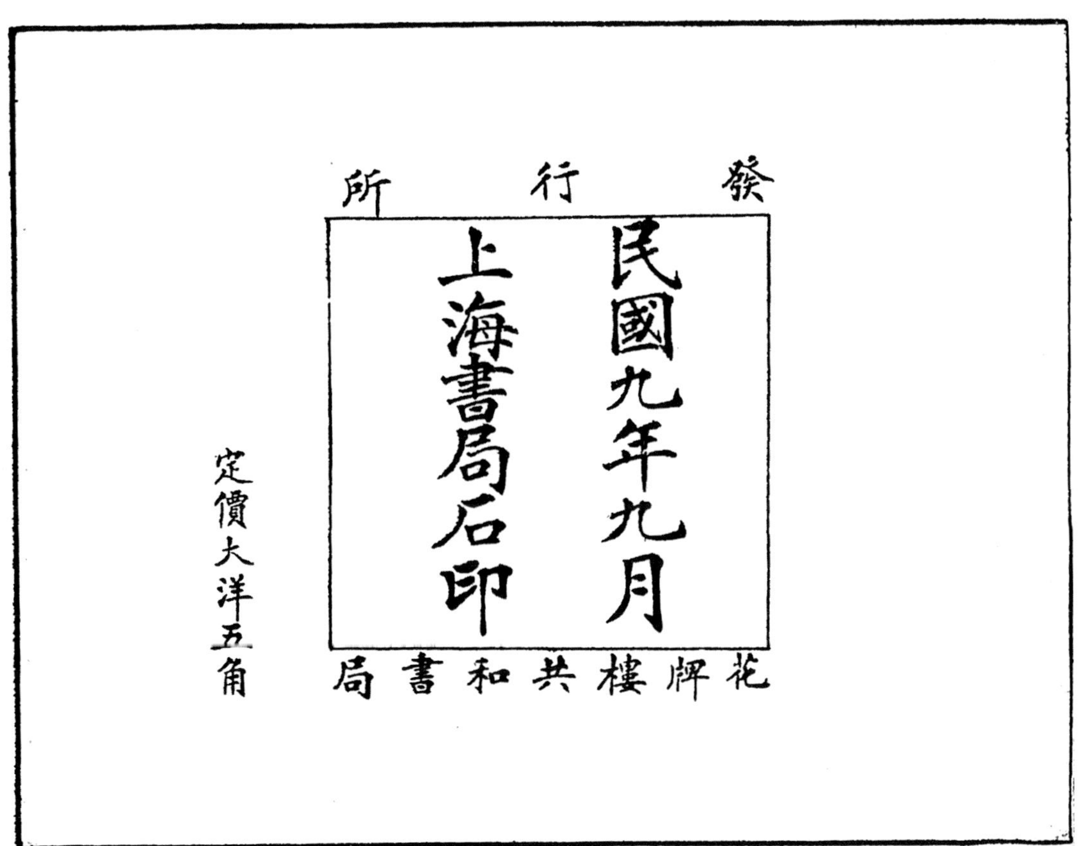
發行所

民國九年九月

上海書局石印

花牌樓共和書局

定價大洋五角

序

金陵為六朝繁盛之區四方古跡不可勝數惟最著名之景四十有八惜乎年湮代遠滄桑之變幾莫識其本真且幅員遼濶非他省可比官商軍學等界碁布星羅其間好古頗不乏人即欲思一開眼界每苦於無從詢之土人亦不過模糊影响而已余友　徐君壽卿慨之不辭山川跋涉之勞實地攷察追本窮原博覽誌書精心研究始得窺其全豹特請名手繪畫著說逐景詳於俾閱者一目了然按畫索驥庶不致有茫然之歎日前踵门求序於余余亦有志未逮而披覽斯

國洵真實獲家心也是爲序

民國九年九月上浣秣陵資敬書屋謹識

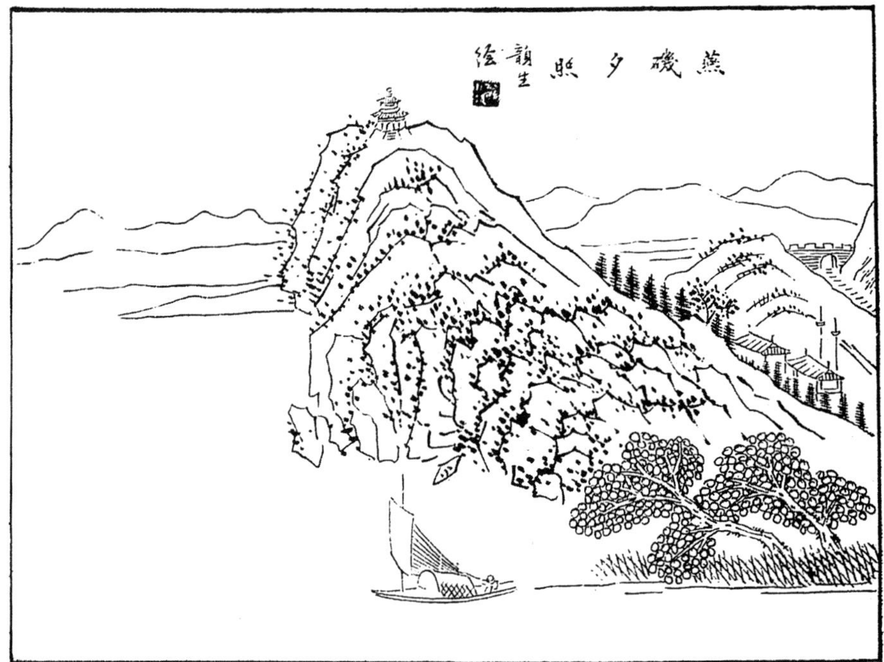

是磯也形如燕子故名在觀音門外乃幕府諸山盡脉處怪石参差玲瓏如畫長江波浪三面衝激最可愛者夕陽西下時令人流連不置上建関帝廟俯江亭磴道盤折而上遠瞩高瞻精神為之一爽

第七景 ◎ 燕矶夕照

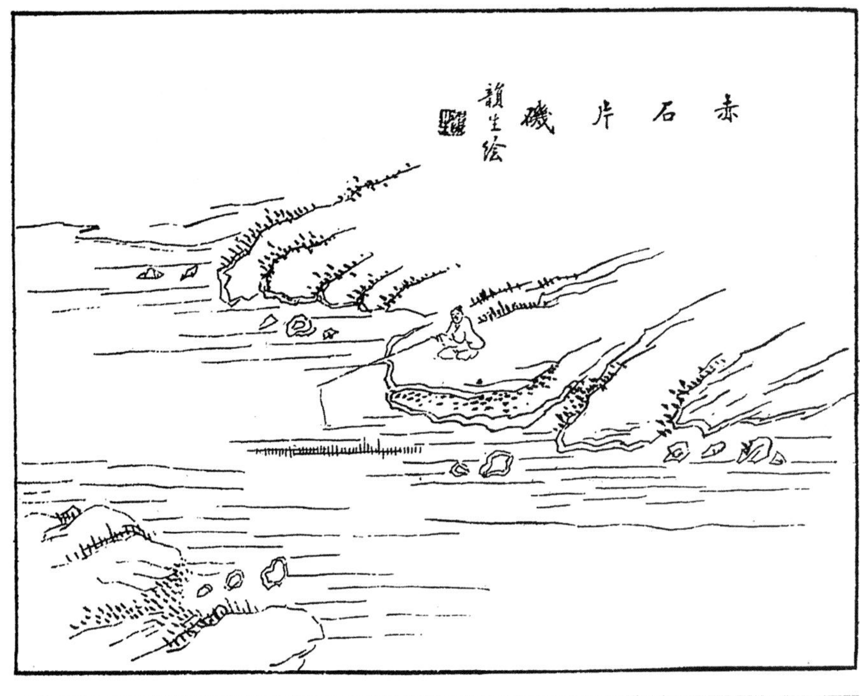

是磯也石皆赤色故名在南门外東二里枕濠西郭本與周處台相連吳時築城鑿濠中斷為二陂陀高下鄰屋參差估舫漁舟多泊於此每當榴花正放時游人畢集丹緣掩映最堪延賞

第十八景 ◎ 赤石片矶

是山也在漢西门内南唐石城山頂有清涼寺翠微亭亦南唐時建今則尚存每逢七月迷信焚香拜佛絡繹不絕其間又有暑風亭乃李後主避暑殿之故址门前胭脂井亦登高遠眺南北諸山都在一覽中也

第十九景 ◎ 清凉问佛

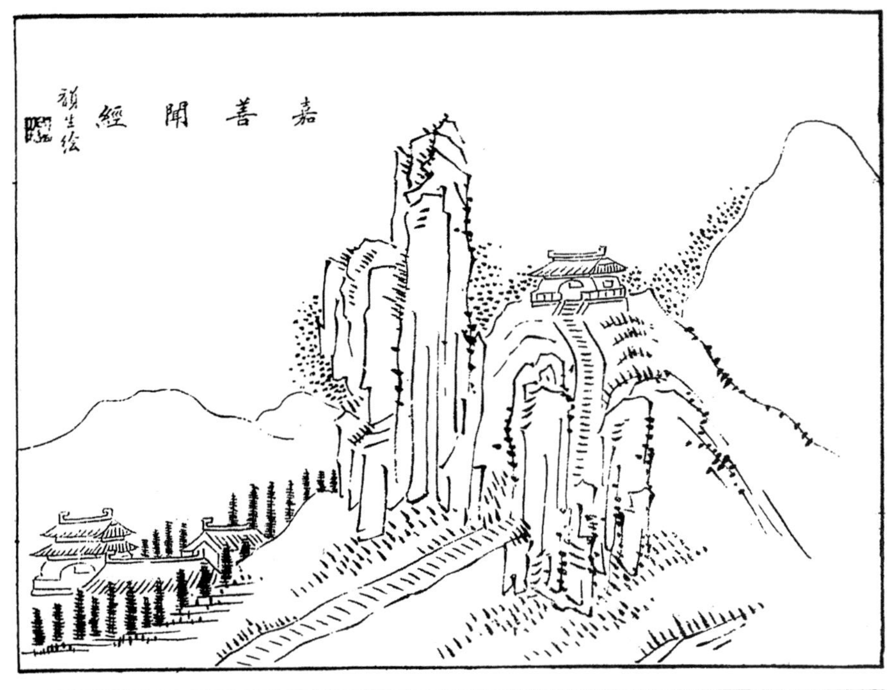

是寺也在神策门外三里許寺内曲徑通幽殿依巨石壁立偪仄之處仰視天光僅露一線上有石佛觀音諸閣之一巨石中立上復建一亭由旁逕以達石梁曲折皆通真尋幽之奇境也今石尚存而殿宇荒蕪矣

是村也舊有古杏林立故名林外酒帘高懸如畫買醉者頗不乏人今則樹已無存而荒涼滿目過者惜之攷江甯縣志西與鳳皇台接壤其旁盛蹟甚多犹不致長湮耳

第二十一景 ◎ 杏村沽酒

是渡也在利涉橋西乃秦淮之支流因王献之妾而得名桓伊邀笛步去此不遠昔年游舫鱗集笙謌達旦想見昇平景象今則荟萃於東関頭一帶而盈盈碧水依然如故惜乎風流人遠矣

金陵四十八景全图

第二十二景 ◎ 桃渡临流

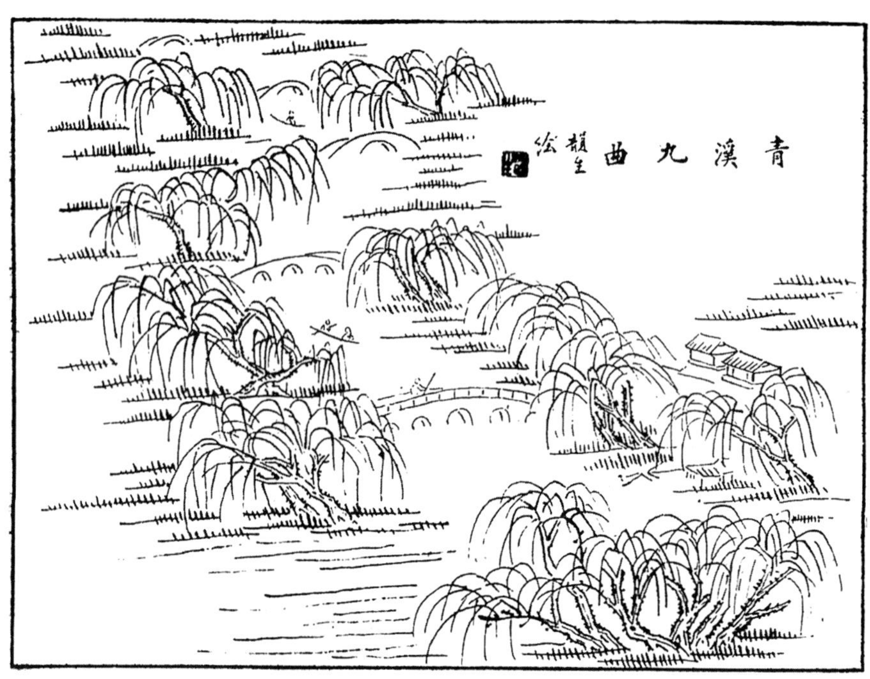

是溪也在釣魚巷内秦淮畫舫多停泊於此攷建康實錄吳開東渠名曰青溪其流九曲通潮溝以洩後湖之水發源鍾山接於秦淮由南而西經武定鎮淮諸橋春夏日挾妓飲酒笙歌達旦六朝風景至今仍未改焉

是臺也築土而成因鳳皇集於山故名昔為貴家園囿今就其地址葺為鳳游寺台屬寺中有焦祐碑唐宋詩人皆有題咏

第二十四景 ◎ 凤台三山

是洞也幽岩深邃曲
徑通繞在幕府山之
側可瞰長江梁武帝
時達摩祖師偃息於
此至今遺跡猶存尚
歷歷可攷云

第二十五景 ◎ **达摩古洞**

是亭也向在霞舟山陳時因甘露降而建故名前清薛慰農太史在龍蟠里建薛廬湖心建一亭上有一匾題何必西湖四字舊有妙香庵今增曾文正沈文肅諸公祠沿隄環繞輝映一時到此者心嚮往之

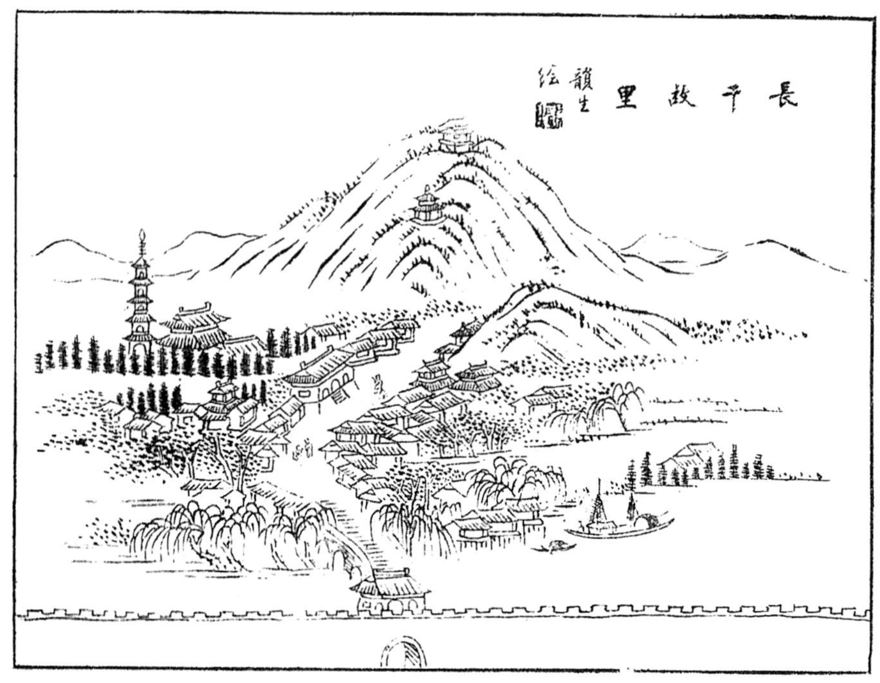

是里也在聚寶门外江東人謂山隴之間曰干出城垣不遠山崗绵衍從安德鳳台二门徑道廻環寺宇羅列至平疇處民庶雜居故相偁有大長干小長干之称

第二十七景 ◎ 长干故里

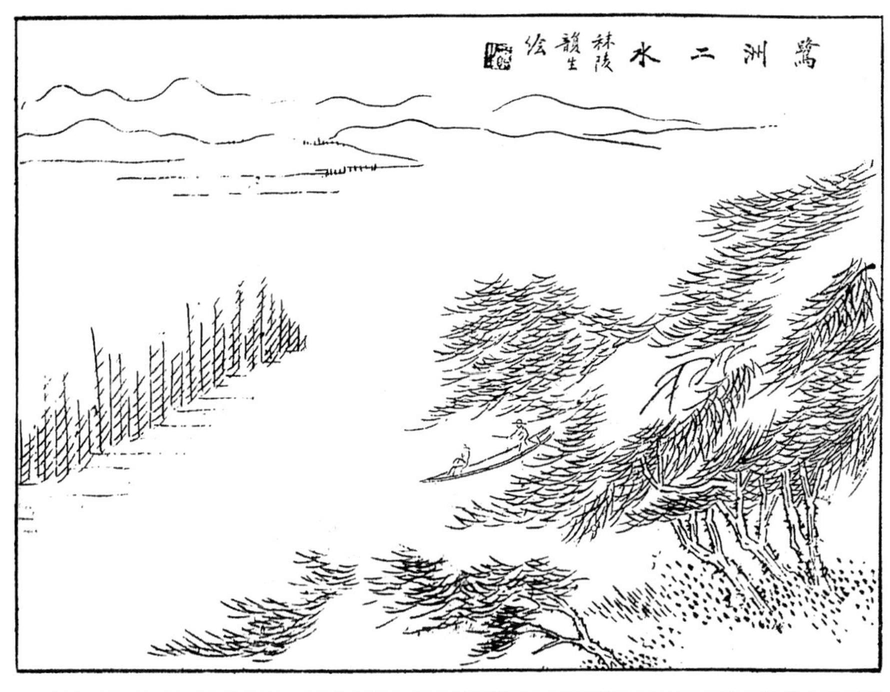

是洲也在府治西南八里周圍四十五里即李白诗所稱二水中分是也荻蘆楊柳兩面皆是舊有賞心白鷺二水三亭今已無存春夏之交游人不少中有白鷺洲茶社一所屋尚修潔可以啜茗矣

第二十八景 ◎ 鹭洲二水

是亭也在幕府山乃漢時所建光武帝進王郎子過江有龍戲於水面晋元帝渡江見馬化為龍前以一轍故名至今亭雖荒涼而巍然尚在考古者不禁悠然神往矣

第二十九景 ◎ **化龙丽地**（目录中作“化龙丽池”）

是堂也在烏衣巷乃王謝故居堂上匾曰来燕二字歲久圮廢焉先祖撤而新之今則繚以朱垣上為太祀廟古為神樂觀舊日烏衣歸於何處撫今追昔不禁感慨係之

是橋也在府治東南二里金陵閘内鷲峯寺側今東花園即其故址当六朝時妓館林立游人如織今則荒塚纍纍獨亦無存昔之舞榭謌台悉变爲蔓艸荒烟之地但片水空明猶堪眺望至其地者每低徊而不能去六朝佳麗而今安在哉

第三十三景 ◎ 长桥选妓

是堂也在烏衣巷乃王謝故居堂上匾曰来燕二字歲久圮廢禹先祖撤而新之今則繚以朱垣上爲太祀廟古爲神樂觀舊日烏衣歸於何處撫今追昔不禁感慨係之

第三十景 ◎ 来燕名堂

是樓也在城西昔李白醉看紫綺過崔侍御於此樓之側外有短垣迴路盤紆登斯樓者有居今思古之概其中花木參差濃陰夾道王摩詰詩中有畫畫中有詩不是過也

第三十一景 ◎ 楼怀孙楚

是臺也在湖墅鎮梁太子讀書處中建高屋突兀雲表庭宇閎敞樹木蕭森而鳥語花香風聲月色別有一種雅致登斯臺者觸景生情想見古人孜孜好學之心焉

是橋也在府治東南二里金陵閘內鷲峯寺側今東花園即其故址當六朝時妓館林立游人如織今則荒塚纍纍獨亦無存昔之舞榭謌台悉变為蔓艸荒烟之地但片水空明犹堪眺望至其地者每低徊而不能去六朝佳麗而今安在哉

第三十三景 ◎ 长桥选妓

是崖也在府治北二十里静海寺内昔虞允文破金軍於采石磯回舟泊崖下三宿而去故名寺之基址本江沙漲溢之地為江濤衝激山石嵌空玲瓏奇詭真有鬼斧神工之妙

是室也四壁皆石在牛首山之西懶融禅師脩道之處唐貞觀中建祖堂寺曲徑通幽禅房寂静與牛首之弘覺寺有過之無不及云

第三十五景 ◎ 石室余青

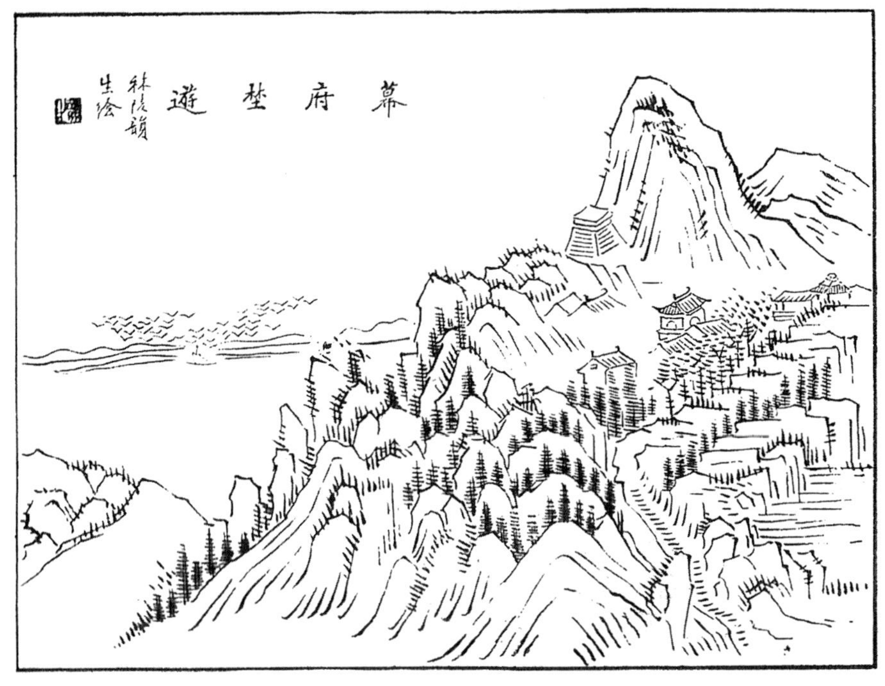

是山也晋元帝初渡江丞相王導曾建幕於此無事時偕友人埜游上有仙人台虎跑泉今称為石灰山地幽境僻游踪罕到

第三十六景 ◎ 幕府野游（目录中作“幕府登高”）

是塔也在聚寶门外梁名長干宋改天喜明永樂復建以報母恩乃名報恩塔其寺亦名報恩寺有十三層之高直入雲霄金碧琉璃光耀奪目世界上首屈一指惜乎遭洪楊劫火今已無存所留者僅一塔頂之鍋而已

第三十七景 ◎ 报恩寺塔

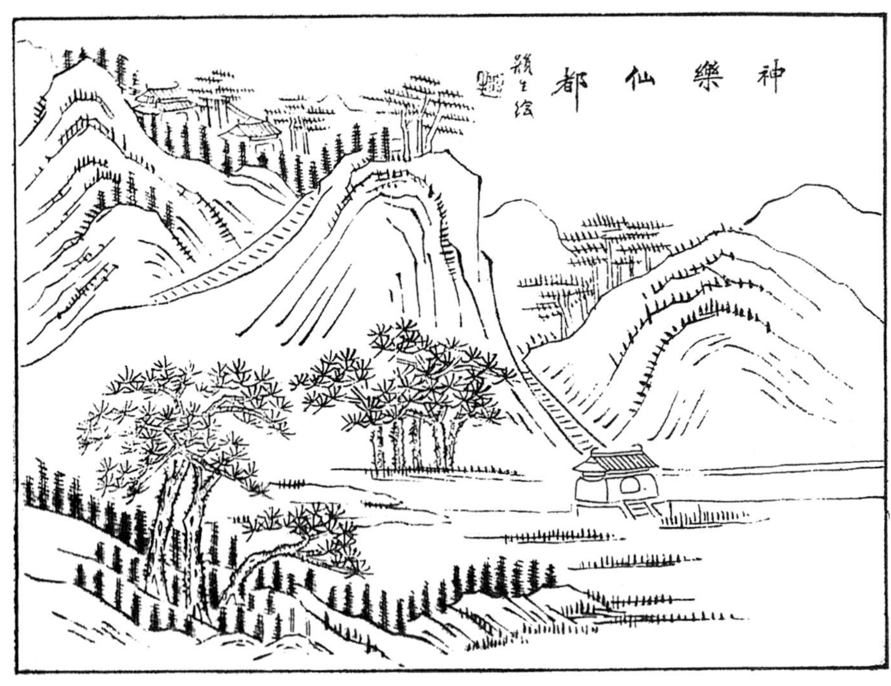

是觀也在洪武門外明太祖勅建殿閣巍峩樹木蕭森殘碑斷碣尚有存者觀之西栽松栢數株干霄蔽日夏天避暑其中如仙境焉

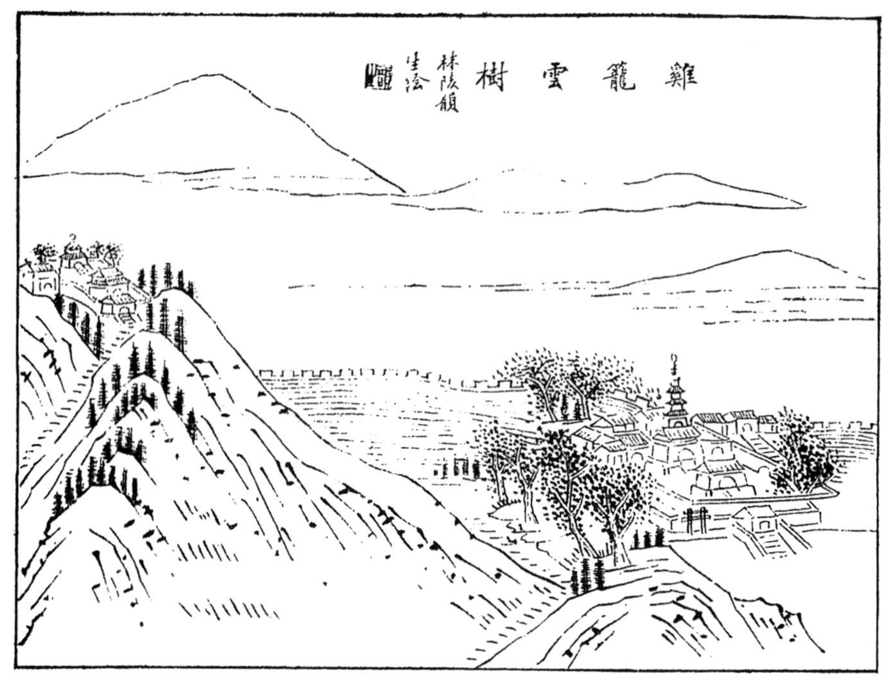

是山也在太平门内状如雞籠故名踞高臨卑一望城南青翠满目如在畫圖中無異宋元嘉時雷次宗開館齊竟陵王子良移居集四學之士抄五經百家書皆於此處

第三十九景 ◎ 鸡笼云树

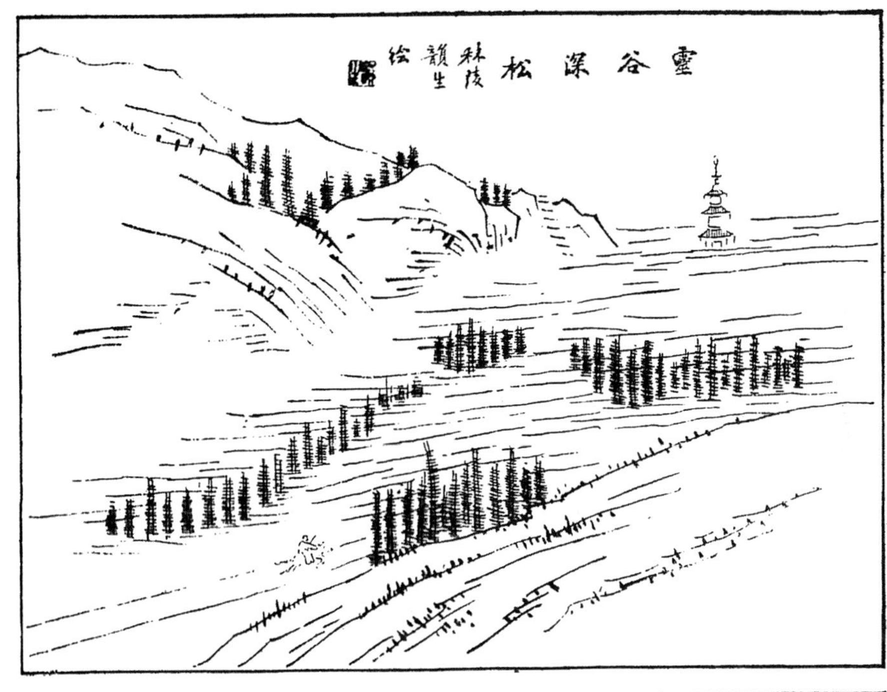

是寺也在鍾山南東晋建取名灵谷梁寶志葬即是處洪武時建梵王宮殿有八功德水琵琶街鼓掌則聲若彈絲至今遺跡猶存焉

第四十景 ◎ 灵谷深松

是淮也長約二三里許朱樓之盛畫舫之多惟夫子廟一帶有文德利涉大中諸橋絃管盈耳達旦不休秦時未有城垣此處大江可運糧草孜之詩曰桃葉復桃葉渡江不用楫即可證其地也

第四十一景 ◎ 秦淮渔唱

是山也在城南四十里高不可攀形勢四面方如印故名俗又云方山秦始皇鑿金陵此山是其斷者上有石龍池下有葛仙翁井周圍不生雜樹亦奇境也

第四十二景 ◎ 天印樵歌

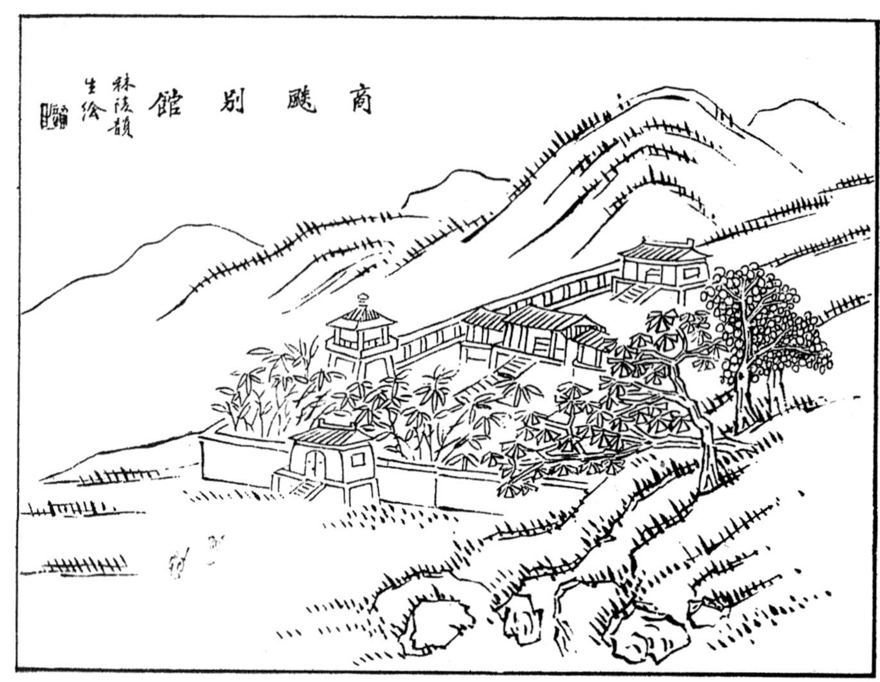

是館也在蔣山西南齊武帝建元
登之以宴群臣周圍数里中有梧
桐高丈餘清秋甘露青翠可愛其
間亭宇朗暢松柏槎枒尤多古趣
唐褚登善讀书於此又名桐葉山
房至其地者尝想見其人也

第四十三景 ◎ **商飙别馆**（目录中作“山飙别馆”）

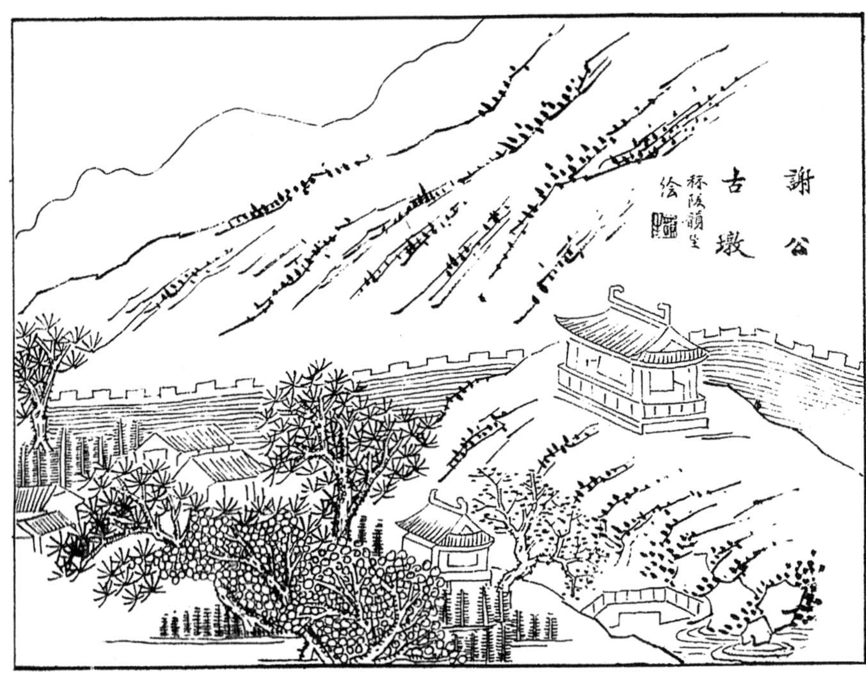

是墩也在乾河崖上永慶寺前謝安曾登其頂有悠然神往之思其阜寬敞冶城清涼諸山四面環繞夕陽晚眺別有幽致

第四十四景 ◎ 谢公古墩

是山也在姚坊门外一名攝山又名棲霞因多産藥可以攝生故名南史明僧紹居此舍宅爲寺有千佛嶺天開岩諸勝俯臨大江高聳入雲晴光波影映帶左右一種蒼翠之形非筆所能描也

第四十五景 ◎ **摄山耸翠**

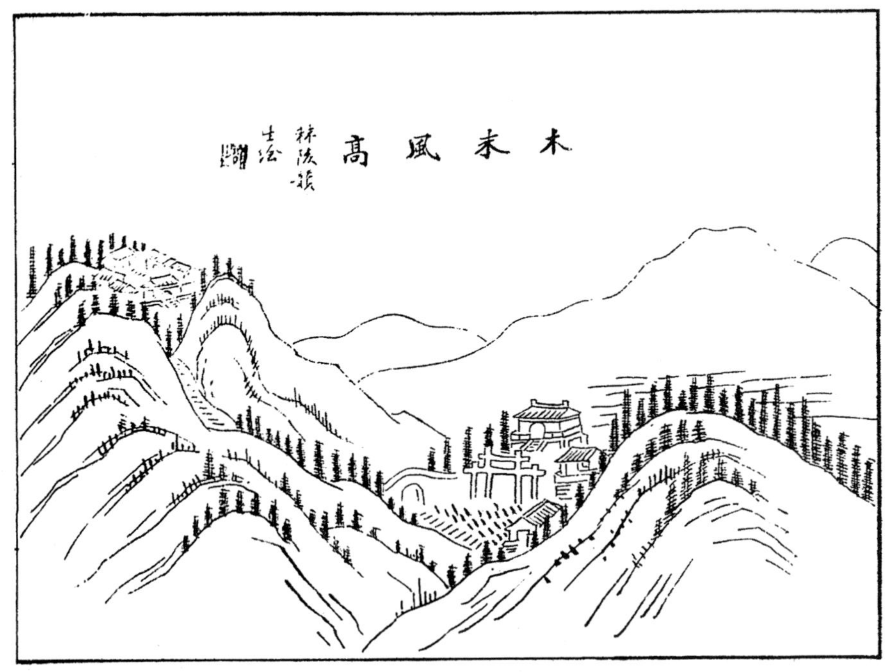

是亭也在聚寶门外雨花台側係明季所建古木森森最稱幽僻故后人建方正學先生祠地灵人傑垂示千古到永寗泉啜茗過此者莫不深仰止之思焉

第四十六景 ◎ 木末风高

是橋也在宋行宮後
今成賢街陳後主泛
舟於此雖年湮代遠
而新水如油遠山似
黛猶令人低徊不置

第四十七景 ◎ 珍珠浪涌

是崗也在府治西北九里梁王僧辨連營立柵以拒侯景於此李白以金貂裘換酒亦於此相傳是崗昔有巨星落下光昭三晝夜後成爲石此崗之所以有此名称也

第四十八景 ◎ 落星名岗